もしも宇宙に行くのなら

もしも宇宙に行くのなら

人間の未来のための思考実験

橳島次郎
Nudeshima Jiro

岩波書店

人間はいつまでも地球にへばりついてはいない。
光と空間を求めて、初めはおずおずと大気圏外に顔をだすだろう。
そしてやがては太陽の周りの全ての空間をわがものにするであろう。

K・E・ツィオルコフスキー

（的川泰宣訳）

はじめに——私も宇宙を語りたいわけ

小惑星探査機「はやぶさ」の劇的な帰還に感激し、国際宇宙ステーションに滞在する日本人からのメッセージを楽しみ、月面に探査車を走らせる国際競争に胸を躍らせる。米国とロシアに続き、中国も独力で宇宙に人を送り、インドも月や火星の探査計画を進める——コストのわりに得るものがないと一時は関心が下火になっていた宇宙開発は、近年ふたたび脚光を浴びるようになった。宇宙を扱うテレビ番組や書籍も目白押しだ。

そんなところに、これまで、科学政策論といっても宇宙物理学や工学ではなく、生命科学と医学がもたらす生命倫理の問題を専門にしてきた私が、なぜ参入しようとするのか。そのわけをまずお話ししたい。

一九六〇年に生まれ、アポロ11号で宇宙飛行士が月面に降り立つのをリアルタイムで見た私は、二一世紀には、空に宇宙船が飛び交い、月や火星に基地があって、人類の未来は星ぼしに向かって広がっているものだと思っていた。だがいざ二一世紀になってみると、そんな未来は影も形もなかった。なぜなのだろう？　人類が宇宙に広がる未来なんて、科学・技術の万能が信じられていた「素朴な」六〇年代の幻想に過ぎなかったのだろうか。それともタイムスケジユールが少々遅れているだけなのだろうか。二一世紀ももう六分の一が過ぎたいま、この問いへの答えを私は求めている。だから宇宙について語りたい。

だがそれは、少年の頃の夢を中高年になってまた追いたくなったという単なる個人的な思いからではない(もちろんそれが大きな原動力になっているけれど)。二一世紀の地上では、ゲノム編集の登場で生命操作への期待と懸念がともに高まり、その是非が活発に論じられている。人工知能脅威論やロボットとの共生への期待と不安も現実のものになりつつある。こうした、科学・技術の進展によって生まれる問題に、私たちはどう向き合うべきなのか。私はそれを考えることを専門にしてきた。生命の研究はどこまで自由なのか。生命科学を進める欲望にどう向き合い、どうコントロールすべきなのか。そんな問いを立てて研究を進め、本を書いてきた。だがふと気がついた。そういう問題に対し、私はこれまで、「科学は」「社会は」という主語で考え語ってきた。科学はどこへ向かうのか、社会はそれを受け入れるのか、云々。しかし、科学も社会も、ほんとうの主語は「人間」だ。科学をするのも人間、社会をつくっているのも人間。キーワードは科学よりも社会よりも、人間でないといけなかった。そこで次は、生命と科学と社会をつなぐ中核である人間そのものに、焦点を当てて考えてみたくなった。人間とは何なのか、どこから来てどこへ行くのか。人間は、生物としての進化のなかで、なぜ知性を得たのか、その知性を何にどう使うべきなのか。科学と社会の間に起こる問題を考え、どうするか決めていくためには、こうした問いが、土台として欠かせないだろう。

こういう根本的な問題を考えるには、地上の目先の諸々の現実から、いったん離れてみるのがいい。思い切って地上をあとにして、宇宙に出てみてはどうだろう。人間が星ぼしに出て行く未来を真剣に想定すると、いろいろな問題を考えてみることになる。そもそもなぜ宇宙に行くのか。誰が行くのか。男女の比率をどうするか。地球外環境に適応するための人体改造は是か非か。人工知能やロボットの支援をどこまで受け入れるか。宇宙を自由に動き回れるように、肉体の制約を脱して精神存在に進化する可能性はあるか。私たちとまったく異なる知的存在と出会ったらどうするか。こうした問題はすべて、未来の夢物語で終わるのではない。一つひとつまじめに取り上げて考えていくと、ゲノム編集や再生医療などの生命操作技術はどこまで許されるか、人工知能やロボットとの共生の光と陰をどう考えるか、異文化の移民とどうつきあえばいいか、科学は人間の精神を解明できるかといった、現実にすでに起こっている問題を、より広い視野から考え直すことにつながられる。科学・技術がもたらすさまざまな問題に対応し、人類文明を持続的に発展させていける力を身につけるために、科学・技術を生み出す元になる知性を人間が得た意味を考え、その知性を何にどう使えばいいのかを問い直す。そうして、人間とは何か、どう生きるべきなのかを、あらためて考えてみる。それが、本書で私がやりたい、「人間の未来のための思考実験」である。

この試みの意義について、もう一言つけ加えておこう。

生命の扱いをめぐって、何をしていいか・いけないかの線引きは、時代を経ると変わることもある。たとえばヒトの体外受精に対しては、実用化を前にした一九七〇年代には、自然の営みに人為的に手を下すなんて許されないという批判が盛んに行われた。だがその後二〇年、三〇年を経て、体外受精で生まれる子の数は世界中で増え続け、日本では毎年五万人を超えるようになって、すっかり受け入れられている。二〇一〇年には世界で初めて体外受精児を誕生させた医師にノーベル賞も授与された。だから、いまはやってはいけないという議論が大勢の、生まれる前にヒトのゲノムを編集する行為に対しても、これから二〇年、三〇年経ったとき、人びとの考えがどう変わっているか、わからない。

だから倫理の名の下に、これをするな、あれはしてはいけないなどと声を上げるのはもうやめればいい、と言いたいのではない。人びとの意識は時代を経て変わることもあるからこそ、時代が変わっても守られなければいけないことは何か、それはどうして守られなければいけないのかを、根本に立ち返ってきちんと議論し、多くの人が納得できる倫理を鍛えあげておくべきだ。そうしないと、次つぎと起こる科学・技術の新しい展開におし流され、いつか気がつくと大事なものを失っていた、ということになりかねない。そこで宇宙を語ることに意味を見いだしたい。いまの地上の現実だけを前提にしていては、大きな変化に対応できなかったり、根本を見失ったりする恐れがあるからだ。

本書では、人類の宇宙進出を本気で考えることを通じて、近年とみに感じられるようになった世の中全体の閉塞感、停滞感を越えて未来への想像力を取り戻し、現実の問題を、これまでとはひと味違う角度から考え直してみたい。そのために人類の未来を想像力豊かに描き出したSF作品もヒントにちりばめて、楽しく話を進めてみたい（一部、作品の結末にふれているところもあります。ご留意ください）。取り上げる内容は生命科学・医学にとどまらず、ジェンダー、人工知能やロボット、人類の進化、軍備の是非などをめぐる国際法と外交論、異民族との対立と寛容、環境問題などなど、いまの地上のたくさんの問題にふれてみたい。

地球は人類を育んでくれたゆりかごだが、ゆりかごに永遠に留まることはできないのではないか……。宇宙に進出する未来を想定して、そこから、いま私たちが置かれている地上の足下を問い直す、そんな思考実験をしてみませんか。宇宙好き、SF好きの人はもちろん、そういう世界を敬遠してきた「現実的」な人も、ぜひ、国際宇宙ステーションがよぎる星空を眺めて一服する気持ちで、しばしおつきあいいただければ、うれしいです。

もしも宇宙に行くのなら

目次

はじめに――私も宇宙を語りたいわけ

第1章　なぜ宇宙に行くのか？…………………… 1

〈幕間・対話コラム1〉　宇宙人って誰だ　29

第2章　宇宙で生きられる体をつくる？………… 33

〈幕間・対話コラム2〉　宇宙での「ゆりかごから墓場まで」　61

第3章　ロボット・人工知能の支援を
どこまで受けるか？……………………………… 67

〈幕間・対話コラム3〉　宇宙に動物を連れて行くのは
動物虐待か　97

目　次

第4章　宇宙で人間は人間を超えたものになる？……101
第5章　エイリアンと出会ったらどうする？……131
おわりに――ゆりかごからの脱却……161
参照文献
取り上げたＳＦ作品一覧

カバー・章扉イラスト＝NASA/JPL-Caltech の厚意による

第1章

なぜ宇宙に行くのか？

人類はまだ本気出してないだけ？

もしも宇宙に行くのなら。

こう言うと、え、もう人間は宇宙に行っているではないか、何をいまさら、と思う向きもあるかもしれない。

でも考えてみてほしい。いま人間が出て行けているのは、宇宙と呼べるようなところだろうか。いま出て行けているのは、ごく限られた特殊な人たちだけではないだろうか。

たしかに「宇宙開発」は、世界中で進められている。だが、地球周回軌道上への無人ロケットの打ち上げが、いまだにニュースになるなんて、あまりに遅れていないだろうか。衛星の打ち上げなら、一九五〇年代にもう成功している。国際宇宙ステーションというけれど、それが位置する地上四〇〇キロメートル前後のところが、宇宙だといえるだろうか。そこは地球のへりではないか。アポロ15号で月に行った宇宙飛行士のジム・アーウィンは、後でみる立花隆のインタビューでこう言っている。「地球［周回］軌道は、地球の一部だ」（『宇宙からの帰還』一九八三年。引用文中［　］内は筆者補足。以下同じ）。

国家機関が進める宇宙政策のなかには、地球周回軌道周辺の開発だけでなく、月や火星に人を送り込む計画もあるが、あまり進んでいない。だいたい月に人を送るだけなら、もう二〇世紀後半に果たされている。一九六九年夏、アポロ11号に乗って米国の二人の宇宙飛行士が人類として初めて月に降り立った少し前、日本では『二〇〇一年宇宙の旅』という映画が公開され一世を風靡した。小学生だった私は、大学生の従兄に連れられてこの映画を観た。それでこう思った。二〇〇一年、ぼくは四一歳だ、その年になったら、この映画に出てくるように、パンナムの定期便で月に行けるんだ、たのしみだなあと。ところがどうだろう。いざ二〇〇一年になってみると、月への定期便なんて影も形もなかった（パンナムもなくなっていた）。裏切られた思いだった。私は言いたい。地球周回軌道上なんて、二一世紀の宇宙じゃない、と。

問題は、月や火星に人を送り込むかどうかではない。そこに誰がどれだけ行くのか、その先はあるのかないのか、だ。

宇宙開発というと、実際に出て行くのは、体力も理系頭脳も優秀な、限られたプロだけというイメージがある。近年はそこに、何億円もポンと出して国際宇宙ステーションにお泊まりに行く、超セレブのお金持ちが加わった。では、その先に続く人はあるのか。みんなでごっそり移住して、人間の生活の場を広げていく宇宙への進出という未来を、考えなくていいのだろうか。

人類はまだ、本気で宇宙に出て行くかどうか決めていない。本気じゃないから、いまだに地球の空の上のほうを「宇宙」だなんて言っている。江戸時代じゃあるまいし、いつまでも遠洋に行ける船をつくらないで「鎖国」していて、人類文明の可能性を開かないままでいいのだろうか。

日本のかつての文明開化のように、やって来た異星人から高度の宇宙進出技術を学び取るという未来もありうるかもしれない。だが相手がヒト型の生物でなかったら、その技術を人間がそのまま使えるとは限らない。また、いきなり受け身で圧倒的に高度な文明に接すると、カルチャー・ショックが激しすぎて、人類全体が萎縮し衰退してしまうという恐れもある。

そんなＳＦみたいなこと、と笑われるかもしれないが、テレビやロケットだってＳＦの世界の絵空事だと思われていた時代もあったのだ。ＳＦの想像物を次つぎと実現したのがいまの科学・技術文明である。だからＳＦ的想像力を現実の問題を考える参考にする価値はある。

人類はいつ宇宙に進出するのか。一九四〇年代から五〇年代に書かれた古典的なＳＦ作品では、それは意外に早い時期に設定されていた。たとえば火星植民を描いた名作、レイ・ブラッドベリの『火星年代記』（一九五〇年原著初版刊行。以下作品名のあとの（ ）内は原著刊行年）では、最初の火星探検隊がロケットで出発するのは一九九九年一月で、二〇〇〇年代には植民者の町が火星のあちこちにできていた。この作品が書かれた当時から見た五〇年先の未来は、それくらい進んでいたのだ。『火星年代記』は多くの読者を得て世代を超えて読み継がれ、ブラッドベリも長生きしたので、一九九七年に出された新訂版では、火星進出の年代が三一年繰り延べされた。最初の探検ロケットは一九九九年ではなく二〇三〇年に出発し、火星植民地の成立は二〇三〇年代のこととなった。いまから二〇年前には、その程度の繰り延べでいいと作者は思ったわけだが、残念ながら現状では、作者が存命であれば、さらなる繰り延べの改訂が必要になりそうである（ブラッドベリは二〇一二年に亡くなった）。

同じようなことは、『二〇〇一年宇宙の旅』の原案を書いたアーサー・C・クラークの作品でも起こった。地球外知的生命と出会い、その導きによって人類が宇宙に出て行く未来を描いた『幼年期の終わり』（一九五三年）では、異星人が地球上空に姿を現わすのは一九七〇年代で、人類が新たな進化を経て宇宙に進出するのはその一〇〇年後、という設定になっていた。この作品も多くの読者に読み継がれ、クラークも長生きしたので、一九九〇年に出された新訂版では、やはり年代が三〇年ほど繰り延べられた。だから人類の宇宙進出は、二一〇〇年代ということになる。その頃までなら何とかなるだろうか？　でもそれを助けてくれる異星人は、まだ私たちの頭上に現われていない。

地球は人類のゆりかごか墓場か

「はじめに」でも書いたが、こうした予想と実際のずれ、SF作家の描いた未来と現実の違いは、何を意味するのだろうか。はじめから絵空事なんだからそのとおりになるわけはない。そう思う人は多いだろう。だがそんなふうに片づけてしまっていいのだろうか？　人類は、生物としての進化の果てに、外界を分析し理解する知的能力を備えた。その結果、自分たちがその上で生きている岩の塊の外に、広大な世界があることを知った。それでもなお、人類は、この先もずっと、地球の上だけで暮らして終わるのだろうか。外の広い世界、宇宙に、こぞって出て行く未来はないのだろうか。

二〇世紀の初めに、ロケット学の父といわれるロシアのコンスタンチン・ツィオルコフスキーという人が、「地球は〔人間の〕理性を育んでくれたゆりかごだ。だがゆりかごに永遠に留まることはできない」という名言を残している。人間が宇宙に出て行く理由の説明として、とてもわかりやすいたとえだ。この名言がなぜ出てきたのか、なぜこういう表現になったのかについては、あとでくわしくその背景を述べる。その前にまずここで言っておきたいことがある。ツィオルコフスキーは地球から宇宙に飛び出すロケットの科学的原理を世界で初めて定式化し、その後の宇宙開発の実現にたぐいまれな寄与と影響をもたらした人なのだが、彼がロケットについて考えるきっかけを与えたのは、彼の少年時代に刊行され世界中で読まれた、SFの始祖ジュール・ヴェルヌの『地球から月へ』(一八六五年)、『月を周って』(一八七〇年)という宇宙冒険小説だった(日本では『月世界旅行』などの題で翻訳がある)。ヴェルヌはこの小説のなかで、当時の限られた科学知識もふまえながら、大きな砲弾の中をくりぬいて人を乗せ、巨砲で打ち出して月を目指すというアイデアを示してみせた。

ツィオルコフスキーの伝記を書いた宇宙航空研究開発機構(JAXA)名誉教授の的川泰宣は、こう指摘している。「ジュール・ヴェルヌのこの著作に熱中した同世代の人々と、コースチャ〔ツィオルコフスキーの愛称〕の異なっていたことが一つある。コースチャは、その実現性を「本気で」「真剣に」考えたのである」。つまり、ＳＦ作家が描いた人類の未来の実現を本気で真剣に考えたことが、実際の宇宙開発に道を開く成果につながったのである。だから絵空事とバカにしてはいけない。ブラッドベリやクラークが描いた未来は三〇年繰り延べされたが、本気で真剣に考えれば、それは幻想ではなくスケジュールの遅れだったと言える未来も実現しうるということだ。

それでも実際の技術水準や膨大なコストを考えれば、人類が宇宙進出する将来はありえないと考えるあなた。では逆に聞きたい。人類は永遠に地球に留まって、そこに骨を埋める覚悟をしているだろうか？　ゆりかごを墓場にする未来を描けているだろうか？

クラークと並ぶＳＦの大家アイザック・アシモフは、『永遠の終わり』（一九五五年）という作品で、人類の暗い未来の予想を描いている。ぐずぐずしていて遅くなってから宇宙へ出て行っても、行く先々に先客がいて、争いになるから退かざるをえなくなり、結局地球にこもることになる。これぞまさに究極の引きこもり。その結果人類は広い宇宙に背を向け、意気阻喪し活力を失って種族の寿命を縮め、早々に滅亡してしまう。

これは何千年、何万年先というスケールの話だから、あまりピンと来ないかもしれない。だが現実を見れば、地球が人類の墓場になる日はそう遠くないかもしれない。貧困、テロ、難民、某国の覇権膨張主義の脅威などなど、私たちはいま地上のことだけでたくさん問題を抱えている。だが長い目で見れば、ゆりかごの中の場所の取り合いで争っている場合ではないということも、心ある人たちにはとうにわかっているはずだ。いつまでもそんなことを続けていれば、人類全員が、行き場のない難民になってしまう。そんな悲惨な未来を防ぐために、宇宙進出は真剣に考えてよい課題であり、希望だと思うのだ。この点については、この先おいおい（とくに第5章と「おわりに」で）、論じていきたい。

食い詰めて行くのではなく

ＳＦに触発されなくても、現実的に、宇宙進出に取り組むべきだと考える人はいるだろう。ただその理由は、人口問題や資源・エネルギー問題の解決のためというものであるようだ。たしかに地球の上だけにいれば、その有限性は明らかで、自然再生エネルギーの開発や生活様式の多少の見直しだけで、この先長く人類がやっていけるとは思えない。極端な産児制限や寿命の制限という道もありうるし、それもまた多くのＳＦ作品が描いてきた未来だが、概して暗いネガティヴなイメージが強い。それよりもできるなら宇宙に生活の場を広げようというわけだが、これも早く取り組まないと、切羽詰まってから、やっぱり地球に留まっていてはだめでした、宇宙に出ないといけません、と言っても手遅れだ。ＳＦ作家機本伸司の『僕たちの終末』（二〇〇五年）では、目先に地球滅亡の危機が迫って、急きょ宇宙船を造ってよその惑星に移住しようとする人たちの奮闘が描かれる。だがそれでは泥縄すぎて、行った先で苦労するだけで実を結べないことは明らかだ。

大挙しての宇宙進出というと、過去に行われた移民の歴史を想起して、否定的、批判的な意見を抱く人もいるだろう。たしかに、そうした歴史から学び、悲惨な結果を招いた轍を踏まないようにしなければいけない。先住民の殺戮と略奪に終始したヨーロッパ人のアメリカ「新大陸」への進出は、くり返してはならない最も悪い例だろう。戦前の日本の中国東北部(満州)への移民も、中国大陸への「進出」という名の侵略で、国家の後押しのもと、送り出された人びとに悪意はなくても、出先では現地民に対する略奪になったことは否めず、弱者がさらに下の弱者に対し加害者になってしまうという悲惨をもたらした。さらにその後の例を取れば、一九五六年から行われた日本政府によるドミニカ移民がある。豊かな土地を得られるという「楽園」幻想を抱かせて送り出したあげく、国は十分な支援をせず、現地の過酷な環境に放り出したため、「最も悲惨な国策移民の失敗例」「事実上の棄民政策」といわれるケースだ。

未来の宇宙進出がそうした過去の過ちをくり返さないようにするためには、少なくとも、権力者が、失業や貧困や過剰人口問題の解決のためなどと称して、弱い立場の人びとを国策として送り出す、事実上の強いられた脱出にはならないようにしなければいけない。自発的に行きたいという人たちだけを送り出すようにしないといけない。

人間が宇宙に出て行く意義——宇宙飛行士が感じたこと

そのようにいろいろ考慮したうえで、人類が宇宙に進出していくことを選ぶなら、それに応じた覚悟と行動が必要だ。思い切った資源・財源の投入と人材の養成が不可欠となる。そうした政策を進めるための社会の合意をつくり上げるだけでも一〇年、二〇年はかかるだろう。その先の準備にはもっと長い時間がかかる。それだけの大事業を実現するには、なるべく多くの人が納得できる、強いられるのではない自発的、内発的な大義名分が必要だ。人間が宇宙に大挙して出て行く理由は何だろうか。人間にとって宇宙に行くことにはどんな意義があるだろうか。

この点について、ノンフィクション作家の立花隆は『宇宙からの帰還』で、宇宙旅行経験者にインタビューし興味深い反応を引き出している。何人かの宇宙飛行士たちは、漆黒の宇宙に浮かぶ青い地球を見て、その美しさに感動し、そのような存在が偶然で生まれるはずはない、何らかの目的ないし意味があるはずだと信じたという。月に行ったジム・アーウィン(アポロ15号)やジーン・サーナン(アポロ17号)は、それをキリスト教の神の存在の証だと考えた。スカイラブで地球周回軌道に出たエド・ギブスンやジェリー・カーは、宇宙をかくあらしめた存在は信じるが、それは特定の宗教の人格神ではないと感じた。カーは、神とは目の前の宇宙の秩序と調和に示されたパターンのことだと語った。さらに、宇宙の中での人間の存在の目的や意味を考えた者もいた。アポロ14号で月に行ったエド・ミッチェルは、宇宙に出た私という人間がここに存在しているのはなぜか、それには何か意味か目的があるのかと自問した。彼はその問いへの答えとして、人間は宇宙進出によって地球生物から宇宙生物に進化する方向にあると考えるに至った。ミッチェルの考える宇宙生物への進化は、肉体上の変化よりも意識の進化に力点が置かれている。それは、宇宙全体の進化のなかでの万物の存在の役割を認識し、その進化を動かす思惟の一部となる「宇宙意識 cosmic sense」を獲得するというプロセスである。ミッチェルは、宇宙に行けば宇宙の秩序と調和を即物的に認識できるので、凡人でもそうした宇宙意識を得ることができると語る。

アポロ9号で地球を周回したラッセル・シュワイカートも、宇宙遊泳中に、自分がなぜここにいるのか己に問いかけた。そこで彼も、ミッチェルと違って即物的なもので、生物がかつて地球ものだと信じた。彼の考える進化は、ミッチェルと違って即物的なもので、生物がかつて地球上で、海中から生存不可能だった陸上に進出したのと同じように、死の環境でしかなかった地球大気圏外の宇宙空間に、人間が進出するというものだ。シュワイカートは、自分たちの宇宙飛行は、人間が地球の外に出る能力を身につけつつあることを示すもので、生物が陸上に出たように宇宙に出て行く新たな進化の、前段階だと語る。これからいろいろな人がいろいろな動機で宇宙に出て、さまざまな過酷な環境に適応しようとするだろう。それが種の多様性を生み出し、人類の存続の可能性を高めるだろう。だから、人類の未来は宇宙進出にかかっている。シュワイカートは、そう断言する。

ミッチェルとシュワイカートは、宇宙進出は人類の進化史における最もユニークな転回点だと口を揃えて語る。それが彼らの得た、人間が宇宙に出て行く意味ないし理由なのだ。シュワイカートは、自分は人間という種を代表して宇宙体験をしていると思い、そうした体験を全人類が分かち合えるようにすることが、宇宙に出た自分の義務だと思ったと言う。

地球上で生命が生まれ、さまざまな生物が進化し、その進化の末に人間が生まれ、知性を獲得して宇宙に出て行くまでになったのは、宇宙と生命の進化の必然的な方向である。特定の宗教の神の意志のような意味づけをもち出さずに、そう説くこの二人のヴィジョンは、多くの人が受け入れられるものだと私は思う。彼らのこうしたヴィジョンを引き出した立花隆は、宇宙空間への人間の進出を進化論的規模の未来として現実的に見通すことはまだできないが、ともかく人類の宇宙への本格的な進出時代がこれから始まるだろうと結論して筆を擱《お》いている。シュワイカートはインタビューの最後で、人間がエネルギーと資源を浪費し、環境を害し、互いに殺し合うという愚行をいつまでも続けていれば、人類の持つ最大の可能性である宇宙への進出を不可能にしてしまうと懸念を示した。それは一九八一年、もう四〇年近く昔のことだが、いま聞いても十分通じる警鐘だ。宇宙進出の企図を分かち合うことは、変わろうとしない人間の愚行をやめさせる、最大の可能性なのかもしれない。

「ロケットの父」を育んだロシアの宇宙進化思想

宇宙に出て行くのは人類の進化の方向として必然だ、だから人は宇宙を目指すべきだという考え方は、米国と並ぶ宇宙開発のもう一つの大国、ロシア（ソ連）にもあった。あったどころか、それは宇宙時代の始まるずっと前、一九世紀の中頃から二〇世紀の前半にかけて、一群の思想家、科学者たちが代々紡いできた、一つの思想潮流として根づいていた。学者はそれを「ロシア・コスミズム」と名づける。先に紹介した、人間が宇宙に出て行く理由を説いた名言を残したツィオルコフスキーは、このロシア・コスミズムの中心人物の一人なのである。

コンスタンチン・エドゥアルドヴィッチ・ツィオルコフスキー（一八五七〜一九三五年）は、ポーランド貴族の末裔で営林署の森林管理官をしていた父の五番目の子として、モスクワの南のある村で生まれた。一〇歳のとき猩紅熱にかかり、聴力をほとんど失うハンデキャップを負ったため、正規の学校教育は受けられなかった。だが、読書と物づくりに熱中する少年時代を過ごし、一六歳になると単身モスクワに出て、独学した。そのとき通った図書館で出会った親切な司書に、数学と物理学の基礎を体系的に学ぶよう助言してもらっただけでなく、何のために学問をするのかについての思想も学んだ。そこで受けた教えが、彼の一生を方向づけることになる。

この司書こそ、たぐいまれな学識から異彩を放つ思想を展開し、ロシア・コスミズムの始祖となった、ニコライ・フョードロヴィッチ・フョードロフ（一八二九〜一九〇三年）だった。フョードロフが基礎をつくったロシア・コスミズムの中心理念は、能動進化という考え方だった。それは、ロシアの批評家スヴェトラーナ・セミョーノヴァによれば、理性を獲得した人間は意識的に創造する生物であり、外部の世界だけでなく、自分自身の自然性をも変容させる使命を持っている、という理念である。のちにこの理念に基づいて生物地球化学という学問分野を創始したヴラジーミル・イヴァーノヴィッチ・ヴェルナツキー（一八六三〜一九四五年）は、惑星全体の物質循環に支えられた生物圏を根底的につくりかえる能力を得た人間は、地球に新たな地質学的時代をもたらす最大の力となったとし、人間は生物圏を新たな「理性の圏域 noosphere」に変えていくと論じた。これは近年、人間の活動が地球の状態を決定する大きな要因となった現代を、新たな地質年代として「人新世 Anthropocene」と呼ぶよう提唱する学説の、先駆けとなる思想だといえる。

フョードロフからヴェルナツキーに至るロシア・コスミズムに一貫しているのは、外界を認識する理性を獲得した以上、人間には、それを使って自らと世界の最高の可能性を実現する使命があるという理念である。ヴェルナツキーは、人間による生物圏の変容はまだ理性的なものではなく、略奪的、蕩尽的だと評した。つまり最高の姿の実現にはなっていないということだ。いま生きている人びとの一時的な快適さをつくり出すためだけに行われるような科学と技術の研究は、「最高の善」ではないと彼は言う。これは二一世紀になったいまも人類がしていることに変わりなく通用する鋭い、耳の痛い指摘だ。理性の圏域の実現はまだはるか先の未来にある。人間はその理想の未来を目指さなければならないと彼は論じた。

そしてこの世界の最高の姿の実現という使命の一環として、地球もその一部である宇宙全体を、人間の活動の場とするべきだという考え方が出てくる。フョードロフは、宇宙という無限の活動領域だけが、人間のすべてのエネルギーを無秩序な浪費から救うと論じた。セミョーノヴァは、このフョードロフが説いた人類の宇宙進出は不可避であるという理念の意義を理解した数少ない人間の一人が、ツィオルコフスキーだったと評している。宇宙が物質とエネルギーの容れ物であるばかりでなく、人間の未来の存在と創造に適した潜在的な活動の場であると考えたのは、科学者のなかで彼が最初だったというのである。

ツィオルコフスキーは、学校の教師をして生計を立て家族を養いながら、人類の宇宙進出という理念を実現する現実の手段の探求に生涯を捧げた。その成果として彼は、世界で初めて、地球を飛び出すロケットの原理を定式化した「ツィオルコフスキーの公式」を編み出し、学会で発表した。一九〇三年のことだった。奇しくもライト兄弟の飛行機が世界で初めて人間を空に飛ばすのに成功したのと同じ年である。この公式は、燃料を燃やして排出するガスの推力で飛行体を進めることができるという原理に基づき、ガスの排出速度と、燃料の燃焼の開始時と終了時での飛行体の質量の比を大きくすればするほど、飛行体の速度を増やせることを示した。要するに地球の重力を脱して宇宙に飛び出す速度を得られるということだ。この公式に導かれて、その後の宇宙ロケット開発は、いまに至るまで、どうすれば燃焼ガスの排出速度を高めることができるか、どうすればロケットの質量を小さくし、積んだ燃料を燃やして最初よりずっと軽くできるかを追究し、一歩一歩実現させてきた。ツィオルコフスキーがロケットの父といわれるゆえんはそこにある。

ツィオルコフスキーは、はじめに空想とおとぎ話があり、そのあとに科学的な計算が続き、最後にようやく技術的に実現されると考えていたという(『ロシアの宇宙精神』)。フョードロフの、当時は空想でしかなかった宇宙進出の理念を、ツィオルコフスキーは科学的な計算に導いた。そして彼の後に続いた人びとが、その計算に沿って技術開発を行い、人間を地球の外に送り出すことを実現させた。ツィオルコフスキーの考えていたとおりになったのだ。じつは彼自身も、科学的な計算で公式に至る前に、はじめは人間の宇宙進出を空想科学小説として世に問うていた(『月のうえで』一八九三年、『地球と宇宙への幻想』一八九五年)。未来への想像力が現実の発展にどれだけ大きな力を持つかを、よく示すエピソードだといえる。

そしてツィオルコフスキーの科学者としての努力には、フョードロフから受け継いだ、情熱を伴う思想の裏打ちがあった。ツィオルコフスキーは、宇宙が人間の理性と感覚を伴った世界によって満たされていなければ、それにどんな意味があるだろうかと述べたという。現代の惑星科学者のなかには、無人探査機などによって観測ができれば、人間が宇宙に出て行く必要はないと言う人がいる。たしかにそれだけでも十分わくわくする宇宙認識を得ることはできる。だがたとえば皆既日食をデータで知るのと、実際に体験するのとでは大きな違いがあるだろう。科学者も、観測データの元の実物を観に行って、実際の感じをつかみたいとは思わないのだろうか。そうは思っていてもとりあえずいま行ける見通しはないから、がまんして黙っている人もいるのではないだろうか。そういう人たちに、先のツィオルコフスキーの言葉を投げかけて、どう考えるか、ぜひ聞いてみたい。

地球はゆりかご、という言葉の意味

こうしてその思想的背景までみてみると、ツィオルコフスキーの「ゆりかご」の名言の意味がよりよく理解できる。この名言は、一九二九年（一九一一年との説もあり）に知人に宛てた手紙の中に書かれ、その後広く流布したというが、「地球は人類のゆりかごだ。だが、ゆりかごに永遠に留まることはできない」とされることが多い。アメリカ航空宇宙局（NASA）のウェブサイトの、ツィオルコフスキーを紹介するページでも、「Earth is the cradle of humanity.」とある。だがロシア語原文では、「人類」とか「人間」という語はなく、「地球は理性 razyma（知性、精神）のゆりかごだ」と書いている。そこに、ツィオルコフスキーを育んだロシア・コスミズムの理念が端的に表わされている。だいじなのは単なる生物としての人類ではなく、理性を獲得した存在としての人間なのであり、その理性を何のために使えばいいのかが問題なのである。地球の資源が枯渇してしまうから、宇宙に出て行くべきだというのではない。そうした資源の枯渇を招くような非理性的な、シュワイカートのいう愚行をやめるために、理性を最大限に発揮できる無限の場である宇宙に人間は出て行くべきだ、それが理性を与えられた人間が進むべき進化のさらなる道筋だ、というのである。ゆりかごの赤ん坊は、そのままで外に出るのではなく、理性を持った大人になって出て行かなければならない。子どもの夢のままの単なる冒険や、目先の経済的利益や国益の追求のために宇宙に出て行ってはいけないのである。利益を求める欲望の充足を第一として生きていいのは子どもだけだ。欲望を自己管理できなければ大人にはなれない。大人になれなければ、ゆりかごを出られない。宇宙進出の必然を説くツィオルコフスキーの名言は、そのように受けとめるべきだ。宇宙進出は、人類の理性の成熟のためのステップとして考えるべきなのである。

人間が宇宙に出て行くのにかかる膨大なコストは、そこから得られる利益に見合うものではないという計算から、宇宙進出は現実的でないとする否定的な意見のほうがいまは大勢かもしれない。だがそれは目的をはき違えた見方だ。利益を得るために宇宙に出て行くのではない。宇宙に出て行くこと自体が目的なのだ。私たちは何のために知性を得たのか、それを何に使うのかを、真剣に考えようということだ。その意味で宇宙進出には、単なる科学・技術開発論を超えた、文明論としての意義があると私は思う。

民間発・火星への移住計画

さて、現状に話を戻そう。

二〇一八年現在、国家プロジェクトのレベルで有人宇宙計画として出ているのは、月と火星に人を送ることだが、まずは、いままでと同じにスペシャリストが探査目的で行って帰ってくることが主眼だと思われる。恒久的な移住基地の建設も視野には入っているようだが、実際にそこまで予算がついているのか、定かではない。

　それに対し、火星移住の実現を目的とした事業を民間で立ち上げた人たちがいる。二〇一一年にオランダの実業家が肝いりになってつくられた、「マーズ・ワン Mars One」という団体がそれだ。この団体は、火星へ人を送り定住させる計画を立てて資金を集め、移住希望者を募った。地球に帰る想定はない、片道切符の企画である。二〇一三年に始められた募集には、世界中から二〇万人余りが応募し、二次の選考を経てまず一〇〇人の候補が選ばれた。このなかから二四人の最終候補が選ばれる。この最終候補を一チーム四人、六チームに分けて、当初の計画では訓練を二〇一七年に始めたいとしていたが、二〇一八年八月現在、最終候補の選出はまだ発表されていない。

　マーズ・ワンのウェブサイト(https://www.mars-one.com)に掲げられている計画では、二〇二四年に通信連絡用の衛星を火星周回軌道に投入、二〇二六年に現地探査・作業用の地上車を火星に送り、二〇二九年に必要物資と居住ポッドなどを運ぶ貨物便を火星に着陸させ、二〇三〇年に遠隔操縦の地上車によって居住ポッドの設営などの準備を行う。そのうえで二〇三一年に最初のチーム四人が火星に出発、三二年に到着し定住開始、以後、翌三三年に二番目のチーム四人が出発、と、順次移住人数を増やしていく予定である。資金調達については、団体設立後、寄付などで一〇〇万米ドルが集まり、二〇一六年一二月には、収益事業部門として立ち上げたベンチャーがフランクフルト証券市場に上場したという。

このマーズ・ワンの火星移住計画に対しては、地球への帰還をまったく想定しないでいいのか、予定された技術でほんとうに火星に定住できるのか、などといった疑問や批判が寄せられている。なかでも目を引くのが、マサチューセッツ工科大学(MIT)の専門家グループが、NASAの助成を受け、マーズ・ワン計画の実現可能性について技術面から詳細に検討した研究結果を、二〇一四年に発表したことである(さらに改訂版が二〇一六年に専門学会誌に発表された)。その結論は、いまの計画では実現不可能で根本的な見直しが必要というもので、批判派はそれみたことかとマーズ・ワンに対する否定的な見方を強めただろう。だが、世界有数の研究機関MITが本気で検討対象にしたくらい、無視できないインパクトのある計画なのだともいえる。国家機関中心の有人宇宙政策に対し、行って帰ってくる探査だけでいいのか、定住を伴う進出を真剣に検討すべきではないかと民間から一石を投じた点で、私はマーズ・ワンを大いに評価したい。宇宙進出技術の開発研究を促す刺激も与えているだろう。

そして何より、多くの批判にもかかわらず、二〇万人以上の人が、火星に定住してみたいと考え、厳しい選考を受けるだけの真剣さを示したのである。宇宙進出を絵空事ではなく、望ましい未来と考えた人がそれだけいるということだ。

火星移住に応募した人たちのプロフィールと動機

選ばれた一〇〇人の候補者たちは、マーズ・ワンのウェブサイトに、顔写真、自己紹介と応募の動機を公開している。宇宙に行きたい、地球を出たいと思うのはどういう人たちなのか、その人たちは何を考え、どんな覚悟で何を求めているのだろうか。表1に、彼ら彼女らのプロフィールをまとめてみた。

まず登録国別でみると、有人宇宙開発で最も実績がある米国からが最多で三六人、次いでヨーロッパ宇宙機関（ESA）を擁する西欧から一七人（英国四人、ドイツ四人など）、米国と並ぶ宇宙開発の雄ロシアと旧ソ連東欧圏から計一二人、オーストラリア七人、カナダ・南アフリカ・インド各四人と続く。有人宇宙開発の新参国中国からは二人にとどまった。男女別ではきれいに半々、五〇人ずつが選ばれた。これはジェンダーを考慮した意図的な選考だろう（男女問題は本章の最後であらためて取り上げる）。年齢別では三〇歳代と二〇歳代が中心だが、五〇歳代、六〇歳代の人も選ばれている。実際に火星に行くのは一〇年以上先になるので、最終選考でどれだけ中高年者が選ばれるか、興味深い。片道切符の、リスクの高い計画なので、最初は老い先短い年寄りを送るのが望ましいのではないかとコメントした宇宙物理学の専門家もいる。中高年の候補者のなかには、娘が家庭を持ち孫までできたので、次の冒険の準備ができたと思った、と応募動機を語る女性がいる。人生一〇〇年といわれるようになった高齢化時代に、残りの人生を何に使おうか、火星に行ってそこに骨を埋めるか、と考えるのも、ありなのかもしれない。

職業は、何も書いていない不詳の人がいちばん多い。火星に行くのに地上の職業なんて関係ないと考える人が多いのかもしれないし、あるいは定職がない人のほうが応募しやすいという

表1　火星移住計画100人の候補のプロフィール
（Mars One Community Platform “Meet the Mars 100” より筆者作成）

(a) 登録国・地域別人数

	国数	人数	内訳
北米	2	40	米国36，カナダ4
欧州	17	29	西欧10カ国17，ロシア4，東欧6カ国8
アジア	7	14	日本2(うち1は在留外国人)，フィリピン2，中国2，ヴェトナム1，インド4，パキスタン1，イラン2
オセアニア	2	8	オーストラリア7，ニュージーランド1
アフリカ	3	6	エジプト1，ナイジェリア1，南アフリカ4
中南米	3	3	ウルグアイ1，ボリビア1，ブラジル1
計	34	100	

(b) 男女・年齢別人数(年齢は登録時)

	男	女	計
20代	10	18	28
30代	25	20	45
40代	9	6	15
50代	5	5	10
60代	1	1	2
計	50	50	100

(c) 職業別人数

		内訳
科学者	10	
エンジニア，技術系	7	
IT系	9	
学生，院生	8	
出版，ジャーナリズム，芸能関係	7	
教師，教育関係	4	科学コミュニケーター1
軍経験者，パイロット	3	
医療関係	5	医師3，看護師1，救急士1
不詳，記載なし	26	
そのほか	21	

ことなのかもしれない。職業ないし職歴を書いている人で最も多いのは自然科学系（科学者）で、次いでIT系、学生・院生、エンジニア・技術系と続く。学生・院生の専攻は数学や物理、建築などだが、国際関係論、人類学という人もいる。こういう人材は異星人とのコンタクトの際に役に立つかもしれない（この点は第5章でくわしく考えよう）。

表1に出さなかったプロフィールでは、既婚だと明記している人は七人だけだった。職業と同じで、やはり地上のしがらみは少ないほうが行きやすいのだろう。夫婦で、という人は見当たらなかった。

印象的なのは、職歴とは別に、SFファンだ、あるいはSFを書いている、書いたことがあるという人が目立つことだ。ざっと数えて一一人いる。最初は空想とおとぎ話、次に科学的計算があって、最後にようやく実現する、というツィオルコフスキーの言葉が頭に浮かぶ。彼らにフォースが共にありますように。

火星移住の動機としては、旅行家、冒険家、アウトドア愛好家だからという人たちがけっこういる。また、必要とされるスキル（機械システム設計、住居設計や建築、さらにはリスク管理！）を持っていると売り込む人たちがいる。考古学者だという人も一人いる（火星人の遺蹟の発掘をしたいとまでは書いていないが）。

こうしたなかで、英語だけでなく日本語のブログまで立ち上げて、火星移住に応募するに至った自分の人生の軌跡を克明に書いている人がいる。五〇歳代なかばすぎの日本人女性、Et ｓｕｋｏさんだ。彼女は一〇〇人のなかでいちばん筋の通った動機を述べているので、少しくわしく紹介してみたい。

Ｅｔｓｕｋｏさんは、子どもの頃天体望遠鏡を持っていて、ほかの星に住んでみたいと思っていた。大学では考古学を専攻し、自分がどこから来たのか理解しようとした。留学した米国で揺籃期のインターネットに出会い、コンピューター科学を勉強して、ＩＴ産業に就職した。三〇歳代から世界中を旅し、四〇歳代にはサハラ砂漠を七日間走って、自分の精神的・肉体的限界を試した。その後、外国でいいかげんな日本食を見て、これはいけないと思い、和食を勉強。現在はメキシコで日本食シェフとして暮らしている。マーズ・ワン計画を知って千載一遇の機会だと思い、応募した。人類の進化の次のステップの一部になりたい、その前線に立ちたいと熱望している（以上、筆者編集）。

このようにＥｔｓｕｋｏさんは、好奇心旺盛で活動的な女性だが、経歴を見て感じるのは、自分の来し方行く末を探ることに熱心な人だということだ。そんな彼女が火星に移住したいと思うのは、人類の進化の次のステップに参加したいからだという。これはとても興味深い。彼女は、火星移住に始まる宇宙進出を、人類の進化の、つまり、地球に生命が生まれ、その果てに人類が発展してきたことの、必然の帰結だと考えているのだ。それはまさに、ロケットの父ツィオルコフスキーや宇宙飛行士シュワイカートらと同じ考え方である。逆にいえば、そう思える人が、地球というゆりかごから出て行こうとするのだと考えられる。

マーズ・ワンの一〇〇人は、これまでの宇宙飛行士志願者と違い、行って帰ってくる旅行ではなく、行きっぱなしの移住を決意した人たちだ。そんな彼ら彼女らは、特別な、変わった人たちなのだろうか。彼ら彼女らからすれば、地球にいつまでも安住できると思い、進化の次のステップに踏み出そうとしない人たちのほうが、変わっているると見えるのではないだろうか。

男と女――ジェンダー問題解決のための宇宙進出？

宇宙進出の理念や大義をどう考えるにしても、実際に宇宙に出て行くには、同行する人びと、長期間、閉鎖された環境で暮らさなければならない。そうした環境を設計するには、技術的問題だけでなく、人間関係やストレスの処理などに関する社会心理学的な問題の研究も必要である。そこで一つ大きな問題になるのは、どんな男女構成で宇宙に乗り出すのがいいかということだ。

国際宇宙ステーションの運用が始まる前に、ステーションでの長期滞在を想定して、地上に模擬の居住棟と実験棟をつくり、数人からなるクルーを長期間閉じ込めて、人間関係や心理にどのような問題が起こるかを調べる実験が、一九九九年から二〇〇〇年にかけて行われた。ロシア生物医学研究所（ＩＢＭＰ）が、カナダ宇宙庁、ヨーロッパ宇宙機関、日本の宇宙開発事業団（現在のＪＡＸＡの前身）と協力して行った国際研究だった。実験では、さまざまな取り合わせの各四人からなる三チームが、一一〇日間から二四〇日間、閉鎖模擬棟に入ったのだが、そのうちロシア人男性四人からなるチームAと、ロシア人男性・日本人男性・オーストリア人男性・カナダ人女性からなるチームBの間で、深刻なトラブルが発生した。チームAとBのロシア人男性二人が殴り合いをして流血の騒ぎになったのと、チームAのロシア人男性がチームBのカナダ人女性に無理やり口づけしたという事件が起こったのである。この事件のせいで両チームは実験終了まで険悪な関係のまま過ごし、チームBの日本人男性は自らの意思で終了を待たずに実験から離脱し退出するという始末になった。

このようなトラブルが起こったのは、ロシア語と英語の言語障壁によるコミュニケーション不全と、互いの異なる文化への理解のなさに加えて、深刻な女性差別が原因だったとされている。そのため、たとえば火星へ行くといった長期の閉鎖環境ミッションを行うには、チームは同性の者だけで構成するほうがいいのではないかという認識が関係者の間に広まった。現に、ロシアIBMPが今度は火星旅行を想定して、二〇〇七年から二〇一一年にかけて行った三段階からなる閉鎖環境実験「マーズ500」では、一五日間の第一段階では男性五人女性一人のチーム構成がとられたが、一〇五日間の第二段階、五二〇日間の第三段階では、男性だけのチーム構成がとられた。女性を入れると性的緊張が起こり、ミッションを危うくすると考えられたからだという。

一方、二〇一七年一一月に、ロシアIBMPと米国NASAが月旅行を想定して行った国際研究計画「シリウス」による一七日間の閉鎖環境実験では、男性三人女性三人の構成がとられた。AFP電では、宇宙に出て行くチームの最適な性比を調べるのも研究の目的の一つだと報じられている。

このように男女構成の問題は、宇宙に出て行く際に障害になるのは技術的な問題だけではなく、さまざまな社会的・文化的慣習も大きな要因になることを、よく示している。狭い環境に閉じ込められることで、地上では何とか押し殺せていた悪しき差別的意識や行動が、かえってあらわになるということもあるのだろう。

宇宙に出て行くのは大賛成、行くなら断固女性だけで行きたい、男性を排除して、女性に対する差別や暴力のない環境をつくりたい、と話してくれた知人がいる。もちろん女性である。私は、閉鎖環境実験でのトラブルを知っても、出かける宇宙船では男女別々で行って、行き先でまた合流すればいいくらいに考えていたので、こう言われて目の覚める思いがした。性差別をなくすには、男女が分かれて暮らすしかないのだろうか。

閉鎖環境実験の専門家で、先の深刻なトラブルが起きた実験にも関わった米国のノーバート・クラフトは、科学ライターのメアリー・ローチの取材に、こう答えている。性的なトラブルを避けるためには、火星には一夫一婦主義にこだわらないカップルを送るべきだ、異性愛でも同性愛でもその両方でもかまわない、と。南極観測基地の長年の経験では、長期の閉鎖環境でも、異性が混じるほうが生産性は上がり、メンバーの情緒も安定することがわかったという。宇宙では、どうだろう。

カナダのSF作家ロバート・ソウヤーは、『ホミニッド』(二〇〇二年)という作品で、クラフトの提案をより安定した構造にした社会構想を打ち出している。この作品では、ネアンデルタール人が絶滅せず、唯一の知的種族として地球に広がった並行宇宙が描かれる(そこでは代わりにホモ・サピエンスが絶滅した)。ネアンデルタール人は、ふだんは男女別々のコミュニティで暮らし、ひと月に数日だけ、男女が一緒に暮らす社会をつくった。各人は、同性と異性のパートナーを一人ずつ持つ。ふだんは同性のパートナーと暮らし、一カ月に一度、異性のパートナーと過ごす。つまりみながバイセクシュアルなのだ。異性との性愛の結果、子どもが生まれると、幼い間は女性コミュニティで育てられ、長じるとそれぞれの性のコミュニティで暮らすようになる。男女間の支え合いは残しつつ、軋轢や差別、暴力が起こる機会を最小限に抑えるよう工夫されているのである。

なるほど、こういうのも悪くないかもしれない。私たちホモ・サピエンスの男女も、どうすればいい関係をつくれるか、真剣に工夫しなければいけない。宇宙に進出するときにはどういう男女構成にするのがいいか考えることが、地上で望ましい男女関係をつくっていくのにも役立つヒントをもたらしてくれればと思う。宇宙進出に向けた準備は、新しい男女の関係を意識的につくる経験を積む、いい機会になるのではないだろうか。宇宙進出を、ジェンダー問題解決のための機会としても活かそうということだ。ジェンダー問題の解決のために宇宙に出て新しい社会をつくろう、とまでは言わないにしても。

〈幕間・対話コラム1〉宇宙人って誰だ

――「空飛ぶ円盤に乗って宇宙人が来た。」この言い方、何かおかしくない?

――うん、空飛ぶ円盤なんてもう言わないね。「UFO」でしょ。

――いや、そこじゃなくて。「宇宙人」って、おかしくないかな。彼らだってきっとどこかの星から飛んできたんだから、「○○星人」と言うべきじゃないか。

――う〜ん、地球の外の宇宙から来たから宇宙人、というのは、自然な呼び方だと思うけど。

――でも言われたほうはびっくりすると思うよ。「え? おれは○○星人だけど」って。

――なるほど、そういわれてみればそうかも。ただこっちとしては、宇宙から来たことがわかるだけで、どの星から来たかまではわからないから、宇宙人っていうんじゃない?

――ああそうか。地球に来た当初は、どこから来たかわからないから、とりあえず宇宙人と呼んでおいて、そのうちどこから来たかわかったら、そのとき初めて、ああ、○○星人さんでしたか、って言えるようになる、ということだね。

――そうね。それですっきりした?

――いや、おかしいなと思うのは、それだけじゃないんだ。宇宙人というのは、宇宙から地球に来たよその人たちだけを指して言うことなのかな。私たちが宇宙に出て行って、たどり着いた先で出会った異星人から、「あ、宇宙人が来た」って言われることもある、とは考えられないかな。

――はは、なるほど。地球人も宇宙に出て行けば宇宙人になるんだ、ってことね。いまの言葉の使い方では、そういうケースを想定していない、と。

――そうさ。だから私は、「みんな、私たちが宇宙人になるとは思わないの？　思おうよ」と言いたいわけ。

――そうね、宇宙開発とか言ってるんだからね。でもまだ、ほんとに宇宙に出て、よその星にまで行ける見通しが立っていないから、みんなピンと来ないいんじゃない？

――たしかに私たちはまだ宇宙人になれそうもない。でも、まだなれない、と思うのと、このままずっと宇宙人になることはない、と思うのは、だいぶ違う。だから、宇宙人という言葉は、私たちもそうなれるものだ、という意味も込めて使ってほしいんだ。

――地球も宇宙の中にある星で、宇宙の一部なんだから、地球人だって宇宙人だ、と言う人はいるよね。子どもの頃、住所を言うのにふざけて、「宇宙銀河系太陽系第三惑星地球日本国○○県××市▲▲町……」なんて言ったことなかった？

――それはだめ！　地球というゆりかごにしがみついているうちは、宇宙人を名のる資格はないと考えなきゃ。生まれた星を出て行くというところがだいじなんだから。そうじゃなければ「宇宙人」という言葉を使う意味はないと思うよ。

――ふむふむ、異星人でもその星から出て行かなければ○○星人のままで、宇宙人ではない、ってことね。

――そのとおり。そこで思うんだけど、国境に壁をつくって塞いじゃおうと言う人が国家元首に選ばれるような世界の現状では、私たちはまだ地球人にすらなれていないよね。

――たしかに。それでふと思いついたんだけど、宇宙人って、アメリカ人だ日本人だとこだわらないで国際人として生きましょう、というのと同じで、地球人だ○○星人だってこだわらずに、みんな同じ宇宙人としてつきあいましょう、って精神を表わす言葉にすれば、すてきなんじゃない？

——なるほど。一つの国にとどまらないで世界を渡り歩くコスモポリタンみたいに、一つの星にとどまらないで自由に宇宙を旅する宇宙人、という生き方もあるかもね。でもそれにはまず、本気で宇宙に出て行こうと決めるのが先だな。

——それで、たとえばまず火星に行けたとして、そこに住むようになってもう地球には帰らないことにしたら、その人は何人？

——ああ、もう地球人じゃないって？　火星人になるのかなあ。移民一世だから、地球系火星人？　火星で生まれてそこで育った移民二世から先は、立派に火星人といえるだろうね。でもその移民何世かの火星人が、こんどは土星の衛星エンケラドスに行ってそこに住んだらどうなるんだろう？

——火星系エンケラドス移民一世、かな。二世以降がエンケラドス人？

——いちいちそうやって呼ぶのも面倒だね。そこまでいったらもう宇宙人ということにしちゃえばいいのか。

——でもやっぱり、移住した先でもずっと、私は地球人の末裔だ、あの青い星がルーツなんだ、って思い続けるんじゃないかなあ。

——地球との行き来が続く範囲で宇宙植民しているうちは、そうだろうね。ただ地球人といえるならまだいいけど、たとえば火星の定住者の間で、白人は傲慢だとか、黄色人種は自分たちだけで群れたがって困るなんて言い合う状態がしばらくは続くかもしれない。ここまで出て来たんだから、もう白人だ黒人だって言うのはやめろ、なんて布告が出たりして。

――逆に地球に来て住み着いた異星人を、移民一世だけでなく二世、三世になっても、あいつら地球人じゃない、宇宙人だ、といって差別するなんていう悪い面も出てくるかもね。宇宙人って言ってはいけません、〇〇星系地球人って言いなさい、なんてことになったりして。

――そうそう、それが「政治的に正しい」言い方です、ってね。実際、変な言動をする人、何を考えてるかわからない人のことを、「あの人は宇宙人だ」って言う使い方もあるよね。自分たちとは違う、理解できない、わかりあえない、という意味を込めた使い方が嵩じると、人間じゃない、宇宙人だ、って排除と差別の温床になりかねない言葉になってしまう。それはいやだねえ。

――ふるさとの星を飛び出て行くくらいになった知的存在は、もうそういう差別意識からは自由になっている、と思いたいね。

――宇宙に出てもまだそこまでいかない発展途上の段階はあるんだろうけどね。でもそれがどんなに遠い道のりでも、目指すところはほんとうの宇宙人、という志を持とうということかな。

――けっこう面倒そうだなあ。やっぱり私はまだゆりかごの中でねんねしていたい。

――よちよち。

――ばぶばぶ。あ、でも『二〇〇一年宇宙の旅』では、宇宙存在に進化させられた人間は、最初は赤ん坊になってたね。赤ちゃんで宇宙に放り出されるのはいやかも。

――なら、放り出される前に自分で出て行こうとしなきゃ。

――やれやれ。ゆりかごモラトリアムで甘えていられるうちが花、って気もしてきたなあ。

――大人になるのはたいへんだ、ってことだね。

第2章

宇宙で生きられる体をつくる?

人体を機械化すればいい？——サイボーグは宇宙進出のために考えられた

宇宙に出て生きていくためには、地球外環境に適応した活動服をデザインし、呼吸できる空気を供給し適度な温度を確保し、食糧を供給し排泄物の循環ができるシステムを設計するなど、宇宙船や基地をつくり維持する技術開発が必要だ。だがそういう外付けの技術開発だけですむだろうか。重力の違いがもたらす負荷や強い宇宙放射線に、人間の体は耐えられるだろうか。

この問題は、宇宙開発の初期からすでに検討が始まっていて、人間が宇宙で生きられるようにするには、地球に似た環境を宇宙でつくろうとするより、人体の機能を地球外環境に適応できるように変えてしまうほうがいいという考え方が出ていた。そこで出されたのが、人体の恒常性維持機能を機械による自動制御に置き換えるというアイデアだった。一九六〇年にこの提案をしたクラインズとクラインという二人の科学者は、この人体機械化システムを、「サイボーグ」と名づけた。

クラインズらの提案が発表されたのと同じ年に生まれた私にとって、サイボーグは少年時代にとても慣れ親しんだ言葉だった。ただ私が漫画やアニメを通じて接したサイボーグは、宇宙進出のためよりも、地上で活躍するヒーローたちが強い力を得るためのものだった（石ノ森章太郎『サイボーグ009』（一九六四年雑誌連載開始）が、その代表作である）。造語の提案以来数年で、サイボーグという言葉はいちはやく普及し、子どもの文化にも浸透するくらいになったわけだが、宇宙進出のための人体改造策という面は、なぜか後退していたことになる。

話を戻すと、クラインズらが提案した宇宙進出のためのサイボーグは、たとえば、放射線レベルを検知し、危険な域になると細胞が被る障害を緩和する薬物を自動投与するとか、長期宇宙旅行中に代謝レベルを下げるため体温を低い状態に保つといった機能を果たす装置を体内に埋め込むというものだった。肺呼吸の代わりに、体内で排出された二酸化炭素から炭素を除いて酸素を回収し供給する燃料電池を埋め込むというアイデアまで出されていた。「空気がないなら呼吸するな！」とクラインズらは唱える。生体が必要とするガス交換機能（細胞単位で行われる内呼吸）を果たすには、肺を使う呼吸（外呼吸）よりも効率的なシステムがあるだろう、というのである。

そんな装置が実際につくれるのか、それでほんとうに空気のないところで生きていけるようになるのか、その後このアイデアに沿った技術開発は行われているのか、知りたいところである。そのほうがエアドームのようなものに覆われた生活システムをつくるより効率的ではないかという発想は一理ある。周りの環境を変えるより、人体を変えてしまうほうがはやい、というわけだ。よその天体に住めるようにするために、大工事を施して地球に近い環境をつくろうという「テラフォーミング」を唱える向きもある。だがそれは、その天体の自然環境や（もしあれば）生態系をかく乱したり破壊したりすることにもなる。それこそ人類が地球上でくり返してきた自然破壊の愚行を宇宙にまで持ち込む許し難い行為だ、という批判が出ることも考えられる。

機械化から生物学的改変へ?

では宇宙に適応するための人体改造は、どれだけ受け入れられるだろうか?

宇宙に行くために人間をサイボーグにしようという最初の提案から六〇年近く経って、人体と機械の融合は、地上で徐々に進められている。人体の機能の一部を機械に置き換えること、つまり人体の一部が機械になることを、昔は、普通の人間ではなくなって「サイボーグ」という別の存在になると捉えていたのだが、もはやわざわざそう言うことはなくなっている気がする。

たとえば、歩行能力や筋力を代替、強化するロボットスーツHAL《ハル》が、医療や介護の現場で使われるようになっている。これは人体の改造でなく体外付加式で着脱も自由だから、抵抗がないのは当然かもしれない。サイボーグなんて大げさな、赤ちゃんの歩行器みたいなものですよ、という感じだろう。だがこれが、四肢を完全に機械に置き換える方向に進んだら、どうだろうか。腕の筋肉の電気信号を伝達する回路を組み込んで、よりなめらかに動く義手が開発されている。直接脳からの信号とつなぐタイプも研究が進んでいる。視神経とつなぐ人工網膜や人工水晶体の開発も行われていると聞く。人工関節への置き換えは整形外科で普及しているので、こうした人体の機械化も、その延長として受け入れられるだろうか。宇宙に行くなら、当面は着脱式強化スーツくらいですませるにしても、未来には、たとえば、あの天体は重力が地球よりはるかに大きいので、行って住むなら四肢を機械に変える必要があります、と言われたら、宇宙進出のハードルが高くなって、意欲がそがれるだろうか？　大気がほとんどないので少なくとも肺だけは機械に置き換えてください、というくらいならまだいいだろうか？

この問いは、どこまで機械に置き換えたら人間性が失われる（から認められない）か、という哲学的・倫理的な問いにつながる。この問題は、第３章で人工知能やロボットとの関係を考えるときに、さらに第４章で精神と肉体の関係を考えるときに、あらためて取り上げよう。その前にここでは、機械化ではなく、生物学的なレベルでの人体の改変の是非について考えておきたい。いまは人体改造の是非というと、機械化より生命操作のほうが議論の中心になっているからだ。

たとえば永久埋め込み型の人工心臓の開発は実用化が見えてきている。心臓だけ機械に置き換えるくらいなら、すでに普及している心臓ペースメーカーの延長で、人体の機械化というほどのこともなく、受け入れられていくだろう。だがほかの肺や肝臓などの主要臓器は、機械化のめどは立っていない。そこで出てきたのが再生医療だ。生体機能を機械で置き換えるのではなく、人為的につくった生体組織に置き換え、臓器の修復や再生を促そうという方向である。ただ現状では、再生医療といってもまだほんとうの人体再生にはなっていない。主に行われているのは、たとえば肝臓の病気を治すのに、幹細胞（骨髄や脂肪由来の自然のものから、ＥＳ細胞やｉＰＳ細胞のような人工的なものまである）から肝細胞を分化、培養して点滴で投与するという、「体外加工細胞補充療法」とでもいうべきものだ。だが機能を失った臓器や組織を体内で直《じか》に再生させる研究も進められている。そこに、旧来の遺伝子組換えよりはるかに精度が高く効率的だというゲノム編集技術が出てきて、細菌や動植物だけでなく、人間の生物学的改変の可能性もにわかに高まってきた。その結果、人体機械化の是非より、生物としてのヒトの操作や改変の是非のほうが、盛んに議論されるようになったのである。

この背景には、科学・技術を推進する主動力が、かつては物理学だったのが、いまは生命科学に移っているという変化があると考えられる。近代の科学革命を導いたのは力学を中心とした物理学で、動力機関と製造機械をつくる工学の基礎となり、産業革命を実現した。さらに相対性理論や核物理学、量子力学など、二〇世紀前半まで物理学は科学の目覚ましい発展の中心にあった。これに対し二〇世紀後半になって、生命現象の基礎となるＤＮＡの構造と働きが明らかにされ、遺伝子組換えが実用化されるなどして、それまで観察と記述の学問だった生物学から、生命を実験的操作の対象とする生命科学が枝分かれし、新しい科学・技術の中心となった。以来、二〇世紀末から今日に至るまで、国の科学・技術振興予算の重点配分分野としてまず挙げられるのは、常にライフサイエンス分野だ。

私はこうした物理学から生命科学への科学・技術の「王座」のシフトが、ＳＦアニメにも表われていると感じる。人間が搭乗するヒト型汎用兵器は、古くはマジンガーZから、一九八〇年代に大人気となったガンダムまで、機械だった。つまり物理工学的存在だった。しかし一九九五年に登場したエヴァンゲリオンは、起動には搭乗者との脳神経接続が必要で、機体の構成素材も無機的な物ではなく有機的・生体的なものだとほのめかされる、生命工学的存在になっていた。

こうした変化を考えると、宇宙進出のための人体改造も、機械化に代わって、生物学的操作による人間の改変が前面に出てくるだろう。

生命科学のこれまでとこれから——読み解く科学からつくる科学へ

こうした展望の背景となる生命科学の展開について、もう少しくわしくみておこう。

二〇世紀半ばに、生物の研究は、細胞の観察から細胞の中の核酸とタンパク質の分析に進み、ついにはその核酸を構成するDNAという生体分子の構造と機能を分析して生命現象を解き明かす手法が確立された。まず一九五〇年代にDNAの構造が解明され、次いで一九六〇年代に、そのDNAから生命現象の根本を担うタンパク質が合成される仕組みが明らかにされた。こうして分子生物学が誕生した。「分子」という名前が示すように、そこでは生命現象を分子レベルで、つまり物質とエネルギーの相互作用として、説明できるようになった。これは生物の研究を一新する、巨大な一歩だった。

そして一九七〇年代に、遺伝子組換え、つまり生体のＤＮＡ配列を狙った形に改変する技術が確立された。これにより、すべての生物の生命現象を操作し実験対象にすることができるようになった。こうして確立されたのが、生命科学である。

このように生物→細胞→タンパク質・核酸→ＤＮＡ分子と遡っていった生命科学は、そこで得られた技術と知見をもとに、今度はＤＮＡ分子からゲノム（各生物の核酸の総体）→細胞→生体組織システムへと階梯を登って行く研究方向を目指すことになる。そこで出てきたのが、合成生物学、ゲノムを書く計画、オルガノイド（ミニ臓器）やチップ上での人体作製といった研究領域である。それらの研究の共通の特徴は、これまでは分子レベルに遡って生命現象を読み解こうとしていたのに対し、ゲノムや細胞や生体システムを人為的につくってみることで、生物の成り立ちと働きの理解をさらに進めようというところにある。

たとえば合成生物学では、膜や核酸などのパーツを化学工学的に作製して人工細胞をつくろうとするアプローチと、ゲノムを合成してそこから生命体を生み出そうとする分子遺伝学的アプローチが試みられている。後者では、二〇一六年に、人工的にデザインしたゲノムから自然界にはない細菌をつくることに成功したという研究発表があった（ただまだ人工ゲノムをほかの細菌に入れて、その力を借りて新細菌をつくる方式なので、完全な人工細菌とはいえない）。

同じく二〇一六年には、それまでのゲノムを読む研究に対し、「ゲノムを書く」と銘打った国際研究計画が発表された。ヒトを含めたすべての生物のゲノムを編集し合成することを目的とし、従来の遺伝子単位ではなく、大規模なゲノム・スケールでの生命工学の実用化が目指されている。この計画の先駆けとなった酵母のゲノム合成研究で、二〇一七年までに、全一六本の酵母の染色体のうち計六本を人工的に合成できたという成果発表があった。

また、幹細胞を培養しミニ臓器をつくる研究に加えて、同じく細胞培養によりチップ上で生体組織をつくり、管でつないで栄養や酸素を循環させる装置をつくって、生体内と似た環境を人工的に再現する研究がある。これまでに肝臓、肺、脳、腸、骨髄、神経などのチップがつくられている。さらに、複数の臓器・組織チップをつないで、循環系、代謝系、免疫系などの生体システムを再現する研究もある。二〇一七年には、ヒトの卵管・子宮・子宮頸・肝臓の組織をマウスの卵巣組織とつなぎ、性周期を起こして卵子の成熟を促す、チップ上の女性生殖器官系をつくった研究が発表され、話題になった。

これらの研究は、この世にない新しい生物を人の手で生み出すのが目的ではなく、生物の成り立ちと働きをよりよく理解することが目的とされている。つくれないものはほんとうに理解できたとはいえない、というわけだ。

こうした研究によって生体システムをつくる技術が進み、生体のさまざまな機能がどのように支えられ働いているかについての理解が進めば、自然の生体システムを人工のものと置き換えていく技術も考えられていくだろう。生体素材と人工素材のハイブリッドで、単に元と同じものに置き換えるだけでなく、機能を増強したり新しい機能を付与したりする開発も視野に入ってくるだろう。そこから、宇宙進出のための人体改造へとつながる道が、大きく開けるかもしれない。

生物学的改変の是非を判断する基準——遺伝子治療の議論から

人体は、地球上での生物の何億年もの進化の結果できあがったものなので、地球環境には適応しているが、地球外環境には適応していないのは当然だ。だから宇宙に進出して地球外環境に適応するには人体の改造、改変が必要だという考え方が出てくるのも、おかしくはない。それが機械化だけでなく、生物学的な改変にまで及ぶ可能性がある、というのがここまでの話だ。では、人間の生物学的レベルでの操作・改変は、どこまで受け入れられるだろうか。

この問題を考えるための基準となる枠組みの一つは、遺伝子治療をめぐる議論のなかから出てきた。人間の細胞の遺伝子を組み換えて病気を治療しようとするのが遺伝子治療である。世界第一例は米国で一九九〇年に行われた。対象は単一の遺伝子異常が原因となる先天性免疫不全で、患者の細胞を取り出し、原因遺伝子を正常なものに置き換えて体内に戻す方式が採られた。当時は、遺伝子は生命現象の根本を司る設計図だから、遺伝子を治せば病気を根本から治せる、究極の医療だと喧伝された。ただ期待が大きかった反面、生命の根本を人の手でいじっていいのかという懸念も大きかった。そこで米国は世界に先駆けて遺伝子治療の倫理指針を策定し、計画を事前に慎重に審査する体制を整えてから実施に踏み切った。この指針策定前後の議論において、人間の遺伝子操作が許される範囲を考える基準として、表2に示したような枠組みが提起された。

まず扱う対象として、その人一代限りで終わる体細胞の遺伝子組換えと、子孫に遺伝する生殖細胞(精子・卵子・受精卵)の遺伝子組換えを分けて考える。さらに組換えの目的として、病気や障害の治療と、生体機能の強化・向上を分けて考える。そして当面は、体細胞の治療目的での遺伝子組換えだけを認めようという判断が大勢となった。具体的な例で示すと、たとえば成長ホルモンの分泌を促す遺伝子がある。その遺伝子が十分に働かない小人症の患者に、よく働くよう遺伝子を組み換えたり、正常な遺伝子を補充投与するのは、治療だから許される。しかし身長をもっと伸ばしたいと望む健常者に同じことを行うのは、治療でなく強化・向上にあたるから認めない。また、小人症の治療でも、これから生まれる子どもに病気が遺伝しないよう生殖細胞の遺伝子組換えを行うことは、有効性や安全性が確立されていないので認めない。米国の指針はまずその線でつくられた。日本でも、米国の指針をほぼそのまま踏襲して一九九四年に「遺伝子治療臨床研究に関する指針」がつくられ、同じ基本線が採用されて、いまに至るまで変えられていない。

表2 人間の遺伝子操作が許される範囲

	体細胞	生殖細胞
治療	○	×
強化・向上(エンハンスメント)	×	×

この、体細胞/生殖細胞、治療/強化・向上の2×2で是非を判断する図式は、その後、遺伝子組換え以外の生命操作技術にもあてはめられていき、

議論の一つの標準となった。たとえば二〇一三年に実用化されたゲノム編集の人間への応用の是非をめぐって、体細胞の治療目的でのゲノム編集は認めるが、強化・向上目的では認めない、治療目的でも受精卵などの生殖細胞のゲノム編集は認めない、という議論が行われた。この線に沿って、HIV感染者などを対象に患者の体細胞をゲノム編集し治療を試みる臨床試験が進められている。ただ米国では、受精卵のゲノム編集をして、生まれてくる子が難病にかからないようにする臨床研究も条件付きで認めようという提言も出ていて、議論の的になっている。

また、幹細胞を用いる再生医療についても、日本では二〇一四年から法律で事前に第三者委員会の審査と承認を必要とする管理体制が敷かれ、基本的には遺伝子治療と同じ線で規制がなされている。だが承認された再生医療のなかには、皺のばしや肌の若返りなど、形成外科的治療というよりは単に美容の向上にすぎないのではないかと思われる例も含まれている。

遺伝子改変に対する見方の変遷

この図式を宇宙進出のための人体の生物学的改変にあてはめると、それは治療ではなく強化・向上だとしかみなされないだろうから、子孫に影響しない一代限りの体細胞の改変でも認められない、という議論になりそうだ。

でもそんなことをいっていたら、いつまでたっても宇宙進出はできないのではないか、という「推進派」の声が聞こえてくる前に、きちんと考えておこう。遺伝子組換えやゲノム編集などによる人体の強化・向上は、なぜ許されないのだろうか。

いま顧みると、それは、ヒトの遺伝子組換えが実用化された当初の人びとの感覚に基づく取り決めだったのではないかと思える。「生命の設計図」である遺伝子を改変したら何が起こるかわからないから、なるべくやらないようにしよう、というのが、遺伝子治療が出てきた当時の基本的な感覚だった。だから、重い病気や障害の治療のためだといえば多くの人に受け入れてもらえるだろうから、まずはそこだけに限って、それ以外の応用に広げるのは認めないことにしておこう、という「コモンセンス」がつくられたのだ。そしてとくに子孫を改変する生殖細胞の遺伝子組換えは、当面一切行うべきでないという共通認識ができた。生殖細胞の遺伝子組換えが禁止されたのは、生物学的な安全性と有効性が確立されていなかったからだが、倫理的な理由としては、これから生まれてくる子らには、遺伝子を組み換えることに対し、説明を受けて同意するかどうか決める機会を与えることができないからでもある。

さらに生殖細胞の遺伝子組換えは、次世代だけでなく種としてのヒトの存在自体を変えてしまうという懸念もあった。個々人だけでなく、種としてのヒト全体も守るべき対象だという考え方がそこにある。この考え方に基づき、たとえばフランスでは、一九九四年につくられた「生命倫理法」で、「人類の完全性［インテグリティ＝統合性、一体性］を侵害することはできない」「遺伝病の予防と治療のための研究を除き、子孫を変える目的での遺伝的形質の改変はできない」という規定が民法典に定められた。

宇宙進出のために人間を生物学的に改変するという話は、SFの古典的テーマの一つだが、最近の例でいえば、日本のテレビアニメ『翠星のガルガンティア』（二〇一三年）に出てくる。寒冷化した地球を脱出し宇宙に進出する準備が進められていた未来の地球で、人間が宇宙で生きていくのに必要な大胆な生物学的改変を、非人道的だとの批判、攻撃にもかかわらず実行した一派がいた。その結果生まれたのは、宇宙空間をすいすいと泳げる、大きなイカのような形をした、もはや人間とは思えない生命体だった。これはまさにフランスの生命倫理法でいう「人類の完全性の侵害」にあたるだろう。人間を人間でないものに変えてはいけない、という倫理規範は、地上に留まっている限りは、たしかに誰もが納得できるものだろう。だがもし宇宙進出が人類の進化の進むべき方向だという考え方を受け入れるとすれば、その進化のなかで人間が人間でないものに変わることも受け入れるかどうか、議論することはできるだろう。この問題は、第4章で主題として取り上げたい。ここでは、明らかに人間でないものになるような改変ではなく、とりあえず人体の強化・向上とみなせる範囲のことを念頭において、話を進めよう。

遺伝子の改変は、何が起こるかわからないから、なるべくやらないようにしようというかつての感覚は、実際にヒトを含めてさまざまな生物の遺伝子組換えが世界中で行われていくなかで、徐々に薄れていった。体細胞の遺伝子を少々組み換えたくらいでは、生体に大きな影響は出ないことがわかってきたからである（だから遺伝子治療もあまり効果がないということになる。遺伝子治療で有効な結果が出てきたのは、長年の試行錯誤による技術革新を経て、ようやく最近になってからである）。その結果、遺伝子組換えの規制は、当初の厳しいものから、徐々に緩められていった。たとえば、遺伝子組換え体の野外放出は禁止ないし厳しく制限されてきた。生態系に改変遺伝子が不用意に広がって取り返しのつかない害が起こるかもしれないのを防ぐためである。だから当初、遺伝子組換えトウモロコシは、畑ではなく閉鎖された屋内でつくられていた。その後、遺伝子組換え体の野外放出規制は安全性評価などの条件付きで一部緩和された。遺伝子組換えトウモロコシはいまでは屋外の畑で育てられている。研究や産業の現場で、遺伝子組換えは日常的な行為になっている。高校生や一般人向けの理科実験でも行われるようになった。いずれもみな慎重な管理の下ででではあるが。

こうした遺伝子操作による生物の改変に対する認識の変化は、最近登場したゲノム編集への対応にも反映した。遺伝子組換えが最初に細菌で実用化された一九七〇年代、世界中の専門の科学者は、野放しに行うと何が起こるかわからないし社会からの信頼も得られないので、安全基準を確立するまで、組換え実験はやらないでおこうというモラトリアムに合意した。だがゲノム編集が実用化された二〇一〇年代には、モラトリアムは検討されたが行われなかった。これは遺伝子組換えの経験の積み重ねのうえでできた判断だったと考えられる。

さてそうなると、遺伝子操作などの生命工学を用いた人間の生物学的改変は、なるべくやらないようにしようという共通了解も変わってくるだろうか。あるいはそれでもなお、強化・向上目的での改変は、一代限りの体細胞レベルでも、行ってはならないという倫理規範が維持されるだろうか。

人体の「エンハンスメント」への賛否

バイオテクノロジーを用いた生物学的な操作による人間の強化・向上（エンハンスメント）を認めてはいけない、あるいは厳しく規制すべきだとする根拠として挙げられるのは、それが人間の平等、公正、自由を脅かすという論だ。強化・向上へのアクセスの不平等（経済力や特権のある人だけが強化・向上処置を受けられるという不平等）が、大きな倫理的問題となる。その結果、強化した人と強化していない人の間の格差が広がり、不公正・不平等がもたらされる。多くの人が強化・向上を目指すようになると、自分もそうしなければいけないという同調圧力が働き、その分自由が失われる恐れがある。さらに、強化・向上という観念に縛られると、生得の、あるがままの存在が尊重されなくなり、人間の尊厳を脅かすという意見もある。

だが、生命工学技術を用いた強化・向上は不公正・不平等をもたらすという論に対しては、生まれつきの性質や才能の不平等を、強化・向上で補えばむしろ公正な状態を実現できるではないか、という反論がある。自由という面でも、特定の改変を国家や帰属集団（たとえば学校や企業など）が強要するのは認められないが、個々人が自己責任でコストとリスクを負う範囲でなら認められるという論もある。

このように、先端技術を用いた人間の強化・向上には賛否両論がある。だから、強化・向上は認めず治療に限るという現行の遺伝子治療の規制も、確固とした不変の倫理的根拠の上に立つものではなく、ある時点での社会の合意ないし政治的な選択だと考えたほうがよさそうだ。将来は変わる余地もあるということである。宇宙進出のための人体改造をどこまで受け入れてよいかを考えるには、強化・向上が許されるかどうかという基準ではなく、ほかの判断基準から検討してみたほうがいいだろう。

判断基準の基本は人体実験の倫理

生命倫理には、治療か強化・向上かという区分けよりも、もっと基本的な基準がある。治療にせよ強化・向上にせよ、どんな技術も最初は実験段階のものとして現われる。初めて人間で試す場合はもちろん、ある程度ケースが積み重なっても、安全性と有効性が確立するまでは、実験研究段階が続く。人間をそうした実験研究の対象にしてよい条件、つまり人体実験が許される条件が、どのような技術の応用をどこまで受け入れるかを考える際に、最も基本的な基準となる。治療か強化・向上かという判断基準は、その基本条件をクリアした先の、付加基準という位置づけになるのである。

国や学会などが定める研究倫理規範の要点をまとめてみると、生きている人間を実験研究の対象にすることが許されるためには、その実験研究計画が、次の条件を満たしていなければならない。

(1)科学的な必要性が認められる

(2)科学的な妥当性(目的の結果を出せるデザインになっていて、予想されるリスクが得られる益に見合った最小限のものであること)が認められる

(3)安全性と有効性について、試験管内および人間以外の動物などによる実験で、ある程度確証が得られている

(4)事前に第三者(研究倫理委員会など)による審査を受け承認されている

(5)対象者が、適切な説明を受けて自由意思で同意している。経済的な誘因などによる圧力がない

(6)個人情報が適切に保護されている

これらの条件のうち、最も重要なのは最初の二つ、科学的な必要性と妥当性である。宇宙進出に関わる具体例で考えてみよう。

二〇〇六年九月、フランスのボルドー大学の研究チームが、史上初めて、無重量環境下で人間の外科手術をする実験を行った。宇宙ステーションではなく航空機の中で、高高度からの自由落下を何度もくり返し、そこで得られる無重量状態の間(一回約二〇秒)に、手術をする。試されたのは腕にできた良性の腫瘍の切除術で、研究対象者(被験者)は自ら同意して志願した、四六歳の男性だった。これより三年前に、ラット(大きめのネズミ)を使って同じ方式で動物実験を

して、良好な結果が得られたうえでの実施だった。つまり(3)の条件はクリアしている。

では、実験が対象者に負わせるリスクは、得られる益と比較して、妥当なものだろうか。この研究計画は、自由落下をくり返し無重量状態で手術を行うという、前例のないリスクを患者に負わせることになる。これに対し、患者が得られる、手術の成功による病気の治癒という益だけでは、この研究は正当化されない。病気を治すだけなら、地上で普通に手術するほうが望ましいに決まっているからだ。この実験研究の目的は、もちろん、地球外環境で人間に外科手術をすることができるか、安全にやるにはどういう方法や設備が必要かを、実地に試すことにある。この研究でいい結果が出れば、宇宙ステーションに長期滞在する宇宙飛行士や、将来ほかの天体を目指すミッションに参加する人たちの医療に貢献するという益が得られる。だがそれは対象になった患者には直接の益にならないので、リスクは最小限に抑えなければならない。だから腕の良性腫瘍という、命には関わらない、体表面近くで大きく体を切り開かないですむ疾患が、最初の対象に選ばれたのだろう。こうして条件(2)はクリアされたと考えられる。

そこで(1)の科学的必要性の条件が出てくる。人類が宇宙進出をするなら、こうした実験研究は不可欠だ。つまりこの実験計画の科学的必要性は、宇宙進出をするかしないかという社会の選択にかかっている。将来、地球周回軌道を離れてはるか遠くの宇宙へ、多くの人が出て行くというなら、さらに多くの疾患を対象にした手術の実験研究が必要になる。そこでは、より大きなリスクを伴う実験計画でも、認められていく余地がある。だが、現に行われている地球周回軌道以上の宇宙進出はしないというのであれば、これ以上のリスクを伴う無重量環境下の手術実験の必要性は下がるので、計画が出されても審査は厳しいものになるだろう。

宇宙進出のために人体の生物学的改変をどこまで受け入れてよいかという問題も、これと同じ基準・枠組みで考えることができる。適応すべき多様な地球外環境に合わせて、必要な改変・改造にはさまざまなものがあるだろう。そのとき個々の審査では、リスクが妥当な範囲に抑えられているかどうかがポイントになる。たとえば、ある強化・向上処置実験を行う場合に対象者が被ると予想される不利益や害のリスクと、その処置を行わないで宇宙環境に出て行った場合に予想されるリスクを比較する、という判断軸も考えられる。

宇宙に行く人には大きなリスクを負わせてもいい？

そこで考えておかなければいけないのは、地球外環境に適応するという目的を必要なものと認めたとしても、そのための人体改造実験を行うのに、対象者にどこまで大きなリスクを負わせることが許されるか、ということだ。へたをすると、何が起こるかわからない危険に満ちた宇宙に行こうというのだから、生死を賭けたリスクを負う実験も認めるべきだという議論になりかねない。どうしても宇宙に行きたいという人が、無謀な人体改造実験に、周りが止めても、俺がいいといっているんだからやってくれと、前のめりになることも考えられる。それは宇宙に行きたい人の自己責任だといって、すませてよいだろうか。

この問題を考えるうえで参考になる、地上での議論がある。それは、軍事関連研究で、兵士を対象に実験を行う際に、民間人を対象に行う実験研究で認められるよりも大きなリスクを負わせることが許されるか、という議論である。ある倫理学者は、兵士は（とくに職業軍人は）戦場で生死を賭けたリスクを負うことを受け入れているのだから、生命に関わる大きなリスクを伴う実験の対象になることも受け入れていると考えるべきだと論じている。だがことはそう単純ではない。実験研究のリスク評価は対象者の人権に関わる問題だが、人権の保護のルールは、戦場つまり戦時（武力紛争が行われている状況）と平時では異なる。実験研究は主に戦時でなく平時に行われるものだから、戦時でなく平時の人権保護ルールが適用される。だから、兵士は戦場で負うリスクと同等のリスクを平時の実験研究でも負うべきだという議論は、成り立たないと考えるべきだ。

軍人と民間人の立場が違うもう一つの重要な点は、軍人は国防という大義の下、上官の命令に服する義務を負っているということだ。実験研究の対象になる際も、民間人は同意するかしないか決める自由意思が保障されるが、軍人は、そうした自由意思が保障されにくい環境にある。軍のためだからと言われれば非常に断りにくい立場に置かれているのだ。そこで、ある法学者は、軍人を実験研究の対象にするときには、条件として、対象者当人の同意の代わりに、対象者を守る義務を上官と実験実施者に負わせることにすればいいと提案している。もともと軍組織では、上官が部下を守る義務を負う「パターナリズム」が浸透しているので、実験研究を行う際にも、それを、個々人の自由意思にゆだねる「自己決定権主義」と置き換えればいいというのである。自己決定権主義に重きが置かれ、組織的なパターナリズムによって保護されない民間の実験研究対象者よりも、パターナリズムの下にある軍人の対象者のほうが保護の度合いは高いということもできる。そうした条件の下では、軍人を、民間人よりも大きなリスクを伴う実験研究の対象にすることは許されると考えることができる。

この議論は、宇宙進出のための人体改造実験にも、あてはめることができるのではないか。たとえばマーズ・ワンのような火星移住計画が進んでいる状況で、選ばれた最終候補者の集団ができると、軍のような上意下達組織にはならないだろうが、絶対の目的を共有した仲間内で、その目的のためには何でもしようという意識が高まる。そうすると、その目的に適うとされた人体実験にも、進んで同意しようという集団圧力(ピア・プレッシャー、同輩間圧力)が働き、同意しない自由が保障されにくくなることは十分考えられる。軍でも、上下関係の圧力だけでなく、「部隊の仲間」からの同輩間圧力が強く働くので、米国の軍事関連研究倫理指針では、実験対象になることに同意するかしないかを決める際には、上官だけでなく同輩からも圧力を受けないセッティングを設けるよう求めている。マーズ・ワンのような宇宙進出組織でも、そうした配慮がなされてしかるべきだろう。

個々人の自己決定にすべてをゆだねないという倫理原則は、すでに宇宙開発のある局面で実際に採用されている。二〇〇六年九月、当時四〇歳のイラン系米国人女性が、国際宇宙ステーションに一〇日間滞在する宇宙旅行を行った。これは民間会社がヨーロッパ宇宙機関(ＥＳＡ)と協定を結んで進めた観光事業で、すでに二〇〇五年までに、三人の男性が同じ旅行をしていたが、民間人女性が宇宙に行くのは世界で初めてだったので、話題になった。自己負担費用は推定約二三億円余というから、超セレブの金持ちだけに許された贅沢である。

問題は、この女性が、宇宙ステーションに滞在中ほぼ毎日、四つの医学実験の対象となるのを求められていたことである。会社とＥＳＡとの協定では医学実験を受けることはオプションではなく、宇宙に行きたいなら同意しない自由は認められない契約だったふしがある。地球外に出る人間の数は非常に限られているので、観光客といえども欠かせない貴重なデータとなるからだ。一般の実験研究では、対象候補者は、同意しない自由と、同意しなくても不利益は受けないことが保障され、さらにいったん同意してもいつでも撤回できる権利を認められる。セレブ観光客の宇宙旅行では、この地上の研究倫理の大原則が、守られていなかったことになる。

ただ、宇宙ステーションでの医学実験といっても、件の女性が求められたのは、生命や健康に関わるリスクを伴うようなものではなかった。行われたのは、細胞のＤＮＡへの放射線の影響を測るため採血をする、地球外環境での細菌の繁殖状況を調べるため頬の内側を綿棒でこすって試料を採取する、腰の痛みについて毎日レポートを書く、貧血と体重減少の関係を調べるため採血をする、という四種類の実験だった。リスクがほとんどないと考えられる実験研究では、個々の対象者から同意を得る手続きを省いてもよいとするルールが地上の研究でも認められている。だがその場合でも、不同意または拒否の機会がまったく与えられないということはない。

この、実験対象となることを含む宇宙旅行契約は、事前にＥＳＡの倫理委員会が審査し、承認しているはずである。おそらく審査では、同意の自由の有無ではなく、宇宙ステーションまで行って帰ってくる間、対象民間人の安全保護と危機管理がまちがいなく行われる体制が整えられているかどうかに力点が置かれていたと思われる。そこで医学実験も含めて対象者が負うリスクの全体が評価され、承認されたのだろう。つまり自己決定権よりパターナリズムなのである。そうでなければ、地球外環境に出て行くという大きなリスクから対象者を適切に守ることはできない。自己決定、自己責任だけで渡っていける世界ではないのだ。だから宇宙進出のための人体改造実験の可否も、対象者の自己決定にすべてをゆだねるのではなく、第三者による必要性とリスクの妥当性の適正な評価が主な判断基準になると考えるべきだろう。

不老長寿は必要か

宇宙植民について検討した倫理学者の稲葉振一郎は、地上で多くの人が人体改造を普通に行う文明社会が実現すれば、宇宙に出て行くハードルが下がって宇宙植民も実現に向かうだろうが、そういう社会にならなければ、人びとが体を改造してまで宇宙植民に応じることはないだろうと結論している。私は、この結論に二つの点で異論がある。

第一に、人体改造を多くの人が普通に行えるようになるには、安全で有効な改造技術を開発するための実験研究段階を経なければならない。そこでは、何のために人体改造をするかという目的が決定要因として入る。地上で必要性が認められる人体改造は、宇宙に出て行くために必要なものに比べれば、かなり限られた範囲にとどまるだろう。それではあまり宇宙進出の役に立たないから、宇宙植民のハードルも下がらないのではないだろうか。地上で人びとが求めるレベルの人体改造が普及したとしても、宇宙に出て行くためのさらに大がかりな人体改造に対するハードルまで下がるとは、必ずしもいえないのではないだろうか。

第二に、多くの人が人体改造を受け入れていることが宇宙進出の実現を可能にする条件になるのではなく、逆に、宇宙進出を目的にすることが、多くの人が人体改造を受け入れるハードルを下げる、という流れもありうるのではないか。そこでは、先に述べたように、人体改造を必要で妥当なリスクの範囲に抑えることが重要で、人体実験の倫理は、そのための判断基準になる。

すべてを個人の自己決定権にゆだね、無目的に、ただ技術的にできるからという理由だけで人体改造が進められれば、際限なくふくらむ強化・向上の欲望をコントロールできず、どこまでやっても満足できないアノミー状態となって、社会に混乱をもたらす恐れが大きくなる。科学・技術を用いた人間の改造の是非を判断する倫理規範によって防がなければならないのは、そうした未来だろう。宇宙進出という目的も、欲望の際限のない拡大を正当化する口実にならなないようにしなければいけない。第1章でみた、宇宙進出を導く鍵概念となる人間の理性とは、そうした欲望をコントロールできる成熟した姿勢であると考えるべきだ。

この点について、一つ例をあげて考えてみよう。宇宙進出の最初の目標は、月、火星、小惑星群、木星や土星の衛星など、太陽系内の天体になる。その間は数年、数十年の単位の行き来でことを進められるだろう。だがその次に、ほかの恒星系の惑星(系外惑星)などに行くことを考えると、SFでおなじみのワープのような光速を超える航行法が発明されないかぎり、数百年以上の規模の旅が必要になる。そこで、そのような遠大な事業を行うには、人間の寿命を大幅に伸ばす必要があるという考え方が出てくる。

もちろん、不老長寿を獲得するのではなく、数世代かけてたどり着くことを想定した恒星間航行船をつくるという考え方もあり、多くのSF作家がそのテーマで作品を描いている。だから不老長寿は宇宙進出のための必須の条件ではなく、選択肢の一つだと考えるべきだ。だがこの選択肢は、人類始まって以来の夢でもあるので、たいそう魅力的である。それこそ、宇宙進出という大義名分が、不老長寿獲得の口実に使われるかもしれない。

では、この不老長寿という選択肢に、問題はないだろうか。ここでもSFの大家アシモフが、うがったヴィジョンを示してくれている。地球から出て行った人類は、次つぎと五〇の系外惑星を開拓し、そこで過酷な環境を克服して高度な科学・技術文明を築いた。その結果、開拓者の子孫(地球人に対し、「スペーサー」と総称される)は、三五〇年を超える長寿を得るに至った。それに対し地球に留まった人びとは、文明の発達が進まず、一〇〇年に満たない短命のままだった。人類の未来はスペーサーのものなのか。そうではなかった。長寿による安定した生活を獲得したスペーサーは、過酷な環境にのり出してせっかく得た長い寿命を失うリスクを冒してまで宇宙開拓をする意欲を失った。五〇の惑星世界からは、その後新たな惑星開拓は行われなかった。宇宙開拓を本格的に展開し、銀河系中に広まったのは、短命で、スペーサーより失うものの少ない、地球人の子孫だった。彼らはスペーサーの轍を踏まないよう、不老長寿の獲得を目指さなかった。それに対しスペーサーは、種としての活力を失い、衰退の果てに絶滅した（『鋼鉄都市』一九五三年、『ファウンデーションと地球』一九八六年）。

何か教訓で終わるおとぎ話のようだが、ありうる展開ではある。アシモフの作品世界では、宇宙開拓の初期に「超空間ジャンプ」という超光速航法が発明されたという設定なので、星ぼしの間を越えるのに長寿の必要性が低いという好都合さはある。だが、不老長寿は必ずしも宇宙進出に有利な条件とはならないという洞察は、一考に値すると思う。

日本では二〇一七年頃から、医療技術の発達によって「人生一〇〇年時代」が来ると喧伝されるようになった。人生五〇年だった昔に比べれば、これはこれで十分長寿の獲得だ。老化の分子生物学的メカニズムが研究され、その防止法の研究開発も進められている。再生医療は不老長寿医療にもなるかもしれない。このまま地上で不老長寿の実現が目指されれば、そこで得られる安定した快適な生活を捨てて宇宙に出て行こうという意欲は、いま以上に薄れるのではないだろうか。

不老長寿が実現するなら、宇宙進出なんてできなくていい、と思う人は多いだろう。だがそれで地上でいい夢だけをみてはいられない。みなが不老長寿になると、地球上で住める場所は満杯になって、生活環境が悪化し、楽園にはほど遠い世界になるのは目に見えている。世代交替が進まないことによって、社会が新陳代謝せず劣化していく恐れもある。そうなってから、閉塞した事態の打開のために、宇宙進出を考えようというのでは、十分な調査も準備もなしに、自発的にでなくしかたなく送り出されるようで、第1章で述べたような、歴史上悪い例を残した移民と同じ轍を踏むようになってしまう。宇宙に出て行かないで地上で不老長寿を目指したら、結局宇宙に出て行かなければならないことになった、というのでは、何やら堂々めぐりで、やっぱり不老長寿なんて欲をかかなかったほうがよかったですね、というオチで終わりかねない。人間の理性の成熟という観点からは、不老長寿は必ずしもいい方向に働かないと考えるほうがよさそうだ。

ではどうしたらよいか？　不老長寿といえばロボットがいるじゃないか。彼らに助けてもらえばいい。次の章で、この発想の功罪について考えてみよう。

〈幕間・対話コラム2〉宇宙での「ゆりかごから墓場まで」

――社会保障の理念を表わすスローガンに、「ゆりかごから墓場まで」というのがあるね。

――国は、一人ひとりの国民を、生まれてから死ぬまで面倒をみる、ということね。

――そう。宇宙に出て行くときも、日々の衣食住だけでなく、ゆりかごから墓場までの人びとの暮らしをどうするか、考えなければいけないと思うんだ。

――ふむふむ。まずはゆりかご、生まれるところね。そもそも人間に限らず、地球の生き物は、宇宙で繁殖できるのかなあ。

――日本の研究チームが、イモリでそれを確かめる実験を、国際宇宙ステーションができる前に、スペースシャトルでやっているね。結果は、地球周回軌道上の宇宙環境でも、地上でと同じように、雌は産卵して、胚が育つことがわかった。

――もっと人間に近い動物ではどうなの？

――哺乳類を宇宙で交配させて子どもができるかどうか確かめる実験は、まだやったことがないみたいだ。近頃ようやく、日本の研究チームが、マウスの精子や受精卵を国際宇宙ステーションに上げて、放射線などにさらしたあと地上に持ち帰って、子どもができるかどうか試す実験はやったそうだよ。精子からは無事に子どもが生まれたって。

――宇宙放射線の影響も気になるけど、無重量状態で交尾ってできるの？

――まあ重力のほとんどない宇宙空間で無理に交配する必要はないと思うけどね。どこかの天体に落ち着いてからでいいんじゃない？

——だって行く先が太陽系のなかならまだしも、系外惑星を目指す恒星間航行船なら、世代を重ねなければいけないから、宇宙でがんばらなきゃ。船内だと人工重力といっても限りがあるでしょう？

——宇宙飛行士たちは、宇宙でのセックスについて聞かれると、工夫のしようはいくらでもある、と答えるようだよ。じゃあ誰か実際にやってみたのかというと、公表されている例はないみたいだ。

——常時モニターされてる船内じゃあ、こっそり挑戦するってわけにもいかないでしょうしね。

——でも地球外環境で人間が性生活を送れるかどうかというのは、だいじな問題だよね。まじめに実地で試して、問題があるならどう解決すればいいか、きちんと検討しておかないと。

——性生活と生殖は切り離して考えることも必要でしょうね。実際の子づくりは、自然交配じゃなく、人工授精や体外受精でもいいわけだし。

——なるべくたくさんの人間を効率よくほかの天体、たとえば火星に送って生活させるためには、クルーは女性だけにして、生殖用に凍結精子を一緒に運ぶことにすればいい、というアイデアを出したSF作家がいるよ（神林長平「先をゆくもの達」二〇一八年）。

——なるほど。女性は産む機械じゃない、って怒る人もいるかもしれないけどね。

——とんでもない。男はいらない、精子で十分、ってことなんだから、問題になるのは女性より男性の尊厳じゃないかな？

——はは。こと生殖では、男の肩身のほうが狭くなるのはしかたないね。

——さて死ぬほうはどうだろう。過酷な環境に適応しようとするなかで、とくに宇宙進出の当初は、不慮の事故などで亡くなる人が出ることを覚悟しておかないといけない。人間の死でいちばんたいへんなのは、遺骸の処理なんだよね。

――昔、航海中の船で亡くなった人は海に水葬にしたみたいに、遺体をそのまま宇宙に流す「宇宙葬」にするのかなあ。

――う－ん、地球の海に流すなら、有機物として分解されて、生命の循環のなかに戻せるけど、宇宙空間だと干涸びて永遠に漂流するだけだからなあ。人間が活動する天体の近くでそれをやると、重力場に捕らえられて、周回軌道上のスペース・デブリ(宇宙ゴミ)になっちゃう恐れがある。そうなるとほかのゴミと一緒に処理しないと、宇宙船に衝突したりする危険もある。だから宇宙葬は、やらないほうがいいと思う。私の好きな近未来宇宙開発漫画でも、理由は書いてないけど、宇宙葬は廃止されたことになっていたよ(幸村誠『プラネテス』二〇〇一年)。

――じゃあどうする？　ほかの有機物と一緒にドライに再処理、ってわけにもいかないものね。

――いや、それも考えていいと思うよ。遺骸を液体窒素でフリーズドライにして、コンポスト(肥料)にする技術を提案している人たちがスウェーデンにいる。宇宙進出を想定してじゃなく、地上での普通の弔いの形としてね。おぞましいと思う人もいるだろうけど、興味を持つ人も少なくないみたいだよ。

――そうしたらお墓はどうするの？

――何も建てずに畑や花壇に撒いて肥やしにしてくれればいいという人もいるし、ここに誰それが撒かれたと碑をつくってほしいという人もいるだろうね。

――宇宙ではどうする？

——識者のなかには、よその天体に遺体を埋葬すると、その星の環境を汚染する恐れがあるので、地球に持って帰ったほうがいいという人もいる。でもそこで念頭に置かれてるのは探査旅行での死亡だよね。移住しようというなら、やはりそこでの処理法を考えないと。

——環境への影響という観点だけじゃなく、人間の社会として死者をどう祀るかという観点もだいじだよね。

——それはほんとうにそうだと思う。遺骸の処理のしかたは、死んでいった人たちと生き続ける人たちの関係をどうつくるか、という観点からも考えたほうがいい。資源としてリサイクルするというのもありだけど、それとは別に、この星で生きたこういう人たちがいましたと、世代を重ねて受け継いでいける形は考えないとね。そうでないと人間の社会とはいえない。

——まさに「ゆりかごから墓場まで」ね。

——実際に墓を建てる形にこだわる必要はないと思うけれど、死亡者名簿がコンピューターのデータベースに入っている、というだけじゃあ、味気ない。お墓は生者と死者が交わる媒体、メディアだからね。宇宙時代にふさわしいアイデアを出し合えばいいと思うよ。

——たとえば月や火星での居住棟の設計のプレゼンってもうやってるみたいだけど、生きている人だけでなく死んだ人の居場所もデザインする必要があるわけね。

——そう。中国の伝統思想では、生者の住まいを陽宅、死者の住まい、つまり墓を陰宅といって、風水の流れが陰宅から陽宅に流れるように設計しなければいけないという考え方がある。死んでいった人たちの働きが、生きている人たちの支えになっているというあたりまえのことを、そういう形で目に見え肌に感じられるように具体化するのは、いいことだと思う。宇宙時代にも活かしたい発想だね。

――火星にも風水あるかなあ？
――そっちかよ。

第3章

ロボット・人工知能の支援をどこまで受けるか?

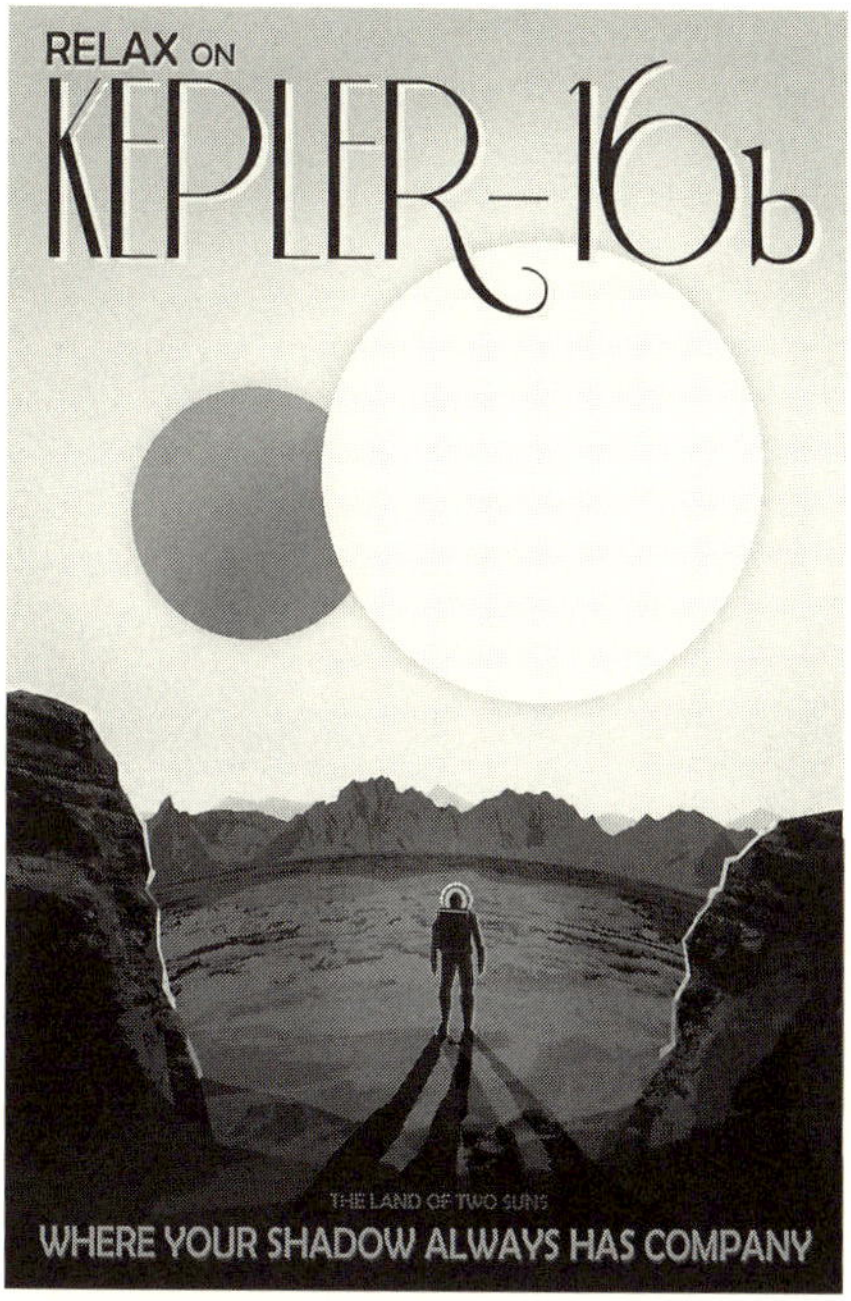

ロボットは頼れる相棒か、人間を脅かす悪か

あたりまえのことだが、宇宙に出て行くには、機械の助けを借りなければならない。航行・輸送、土木・建設、灌漑・開墾などなど、どんな用途の機械をどれだけ持って行くか、あるいは行った先で製造するためにどれだけの資材を運んで行くか、よく計画しておかなければいけない。なるべく機械の種類と数を少なくするために、たとえば地上車を、輸送、土木・建設、開墾すべてに使えるように設計するといった、汎用化の工夫が必要になる。

そこで、ロボットを連れて行くというのも、機械の汎用化の工夫の一つになると考えられる。決まった用途だけに使う産業用ロボットのようなものではなく、人間の手にあまる労働をすべて代わりにやってくれる汎用性を期待できる、ヒト型のロボットを宇宙に持って行けば、役に立つだろう。現に、国際宇宙ステーションでは二〇一一年から、ヒト型ロボット「ロボノート2」(ロボットと宇宙飛行士astronautを結びつけた造語)の試用が始められている。当初は上半身だけだったモデルに、二〇一四年には両脚を備えた下半身も付け加えられた(図)。ロボノートは、ステーション内で時間を取られる作業を人間の乗組員に代わって行う任務を与えられているが、将来は、危険な船外活動も人間の代わりに行わせることを想定している。残念ながら上半身と下半身の接合回路に不具合が生じて、二〇一八年五月に地上に降ろして修理することになった

が、宇宙にロボットを連れて行く試みの先駆けとして、今後の成果が期待される。

宇宙に連れて行くロボットは、地上ですでに開発が進められているように、命じられた範囲で環境に合わせて自律的に作業を行える、相応のレベルの人工知能を備えたものになるだろう。そうした知能を備えたロボットは、すでに地上で始められているように、宇宙でも医療や介護の現場で働くことができるだろう。また不老長寿という特性を生かして、恒星間宇宙船で、多世代にわたる人びとに一貫した教育をする係を任せられるようなプログラムを与えることも考えられる。武装を与えるかどうかも考えなければならない問題だが、それは第5章で取り上げることにする。

図　国際宇宙ステーション内のロボノート2. NASAウェブサイトより

このように宇宙に出て行くのに、相棒ロボットは頼もしい助っ人、相棒になると考えられるのだが、その考えを誰もが受け入れるかというと、ことはそう簡単ではない。ロボットを受け入れたくないと思う人もいるのだ。そこには根深い文化的背景がある。もう少しくわしくいえば、伝統的な宗教文化に拘束された心理学的背景とでもいうべきものがあるのだ。

近年、地上では、開発が進む人工知能・ロボットが、どこまで人間の生活のなかに入ってくるのか、期待と懸念が交錯し、議論の的になっている。一般の関心が高いのは、人間が人工知能やロボットに職を奪われるのではないかという危惧だろう。だが、そもそもすべての機械は人間の労働を肩代わりするためにつくられるものだ。産業革命当初にも、紡績機が使われだしたのに対し、織工が仕事を奪われると反発して騒動が起きた。だがそうした反機械運動一般と、近年の人工知能・ロボット脅威論には、根本的に異なるところがある。それは、知能を備えたロボットは単なる機械ではなく、被造物＝クリーチャー（生きもの）の性格を強く持っているという点だ。

よくいわれることだが、日本人はロボットを好意的に受け入れるのに、西洋人は強い抵抗と反発を示す。一九五〇年代末に初めて産業用ロボットが米国で開発されたが、それを進んで受け入れたのは日本の工場で、米国ではなかなか普及しなかった。近年もこの傾向は続いていて、たとえば高齢者の介護にロボットが取り入れられているが、その先鞭をつけたのも日本で、西洋人からは、日本人はどうしてあんなに平気でロボットを受け入れるのかと、奇異の目で見られていたふしがある。私は、二〇〇〇年前後から、ロボット工学の進展を扱ったフランスの新聞の記事を読んでいて、強くそれを感じた。日本人の私からすると逆に、なぜフランス人はロボットの存在にそれほど抵抗を示すのか、不思議に思えたのだが。もちろん、西洋人でもロボットが大好きな人はいるだろうし、日本人でもロボットが嫌いな人はいるだろう。だが社会全般のおおまかな傾向として、ロボットへの態度に大きな違いがあることは事実だ。

ユネスコ(国際連合教育科学文化機関)の、科学知識と技術の倫理に関する世界委員会が、二〇一七年に出したロボット工学の倫理についての報告書は、こう指摘している。「ロボットのような人工の存在に対する態度には、文化の違いがあると思われる。西洋文化では、そうした存在は潜在的に人間を脅かす悪として描かれるのが典型であるのに対し、非西洋文化では必ずしもそうではない。[中略]日本人は人間に似たロボットに対し[西洋人]より受容的である。それは、彼らの文化において仏教と神道の影響が強いからである[と論じる識者がいる]。西洋の宗教(キリスト教とユダヤ教)では、ロボットのような存在をつくることは造物主の役割を侵す行為だと考えられるが、仏教と神道では、その点は何も問題にならない。生きものと生きものでないものがともに魂ないし心を備えているというアニミズムの伝統があるからだ」(筆者訳)。

後半の記述には少し説明がいるだろう。万物を創造した唯一の神がいると信じる西洋の宗教では、造物主と被造物の間に、絶対の、越えられない差がある。そして被造物の間にも、神に魂を入れてもらった人間と、魂を持たされなかったそれ以外の生きものの間に、絶対の差がある。知能を備えたヒト型ロボットをつくるのは、人間が神の行為をまねて造物主と被造物の間の境を踏み越えてしまうだけでなく、人間でない存在が人間とそれ以外の被造物の間の境を侵してしまうことでもあると受け取られる。つまり二重に許しがたい行為なのだ。それに対し、日本の宗教的伝統では、神(々)と人間、人間とそれ以外の存在の間に、越えてはならない絶対の差はない。ユネスコの報告書は、こうした文化の違いを指摘しているのである。

フランケンシュタイン・コンプレックス

ロボットSFの第一人者で、化学の博士学位を持ち、優れた科学解説者でもあったアイザック・アシモフは、西洋社会に蔓延するロボットへのこうした否定的態度を増幅し深く根づかせてしまった元凶は、メアリー・シェリーの小説『フランケンシュタイン』(一八一八年)であると指摘する。いうまでもなくこの小説は、科学者ヴィクター・フランケンシュタインがつくりあげた人造人間が怪物と化して、科学者の近しい人びとを次つぎに殺したあげく、創造主である当の科学者をも破滅させてしまう惨劇を描いたものだ。

たしかにこの小説は、SF・怪奇小説などの文芸や、映画をはじめとした映像文化はもちろんのこと、科学の世界にも、大きな影響を及ぼしてきた。二〇一八年、『フランケンシュタイン』が刊行されて二〇〇年になるのに合わせ、国際科学誌『サイエンス』が、「現代の怪物いまに続くフランケンシュタインの遺産」と題した特集を組んだ。そこでは、科学研究の現場でいまなお、科学者は「怪物」をつくり出して社会に惨禍をもたらすのではないかと思われている状況を紹介している(ただ怪物を生み出す研究領域としては、ロボット工学ではなく生命工学に焦点が置かれている。フランケンシュタインの人造人間は機械ではなく、人間や動物の死肉の継ぎ接ぎを蘇らせたものだったからだろう）。

アシモフは、少年・青年時代に読んだ一九三〇年代のＳＦで、ロボットはいつも創造主を破滅させる存在として描かれていたことに、ほとほと嫌気がさしたという。科学に関心を持つ者として、そうした科学に対する否定的な見方に怒りを覚えた彼は、自分が描く作品ではロボットをそのような陳腐な存在にはしないと決意した。そこで彼が編み出したのが、ロボット工学の倫理の議論でいまなお必ず引用される、「ロボット工学の三原則」である（そもそもロボット工学robotics という言葉を創ったのもアシモフだった）。それは、ロボットは人間に危害を加えてはならない（第一条）、ロボットは第一条に反しない限り人間の命令に従わなくてはならない（第二条）、ロボットは第一条・第二条に反しない限り自分の身を守らなければならない（第三条）という三つの規範からなる。アシモフが独創的だったのは、この規範を、ロボットの頭脳回路を設計する基盤としたことだ。そうすることでロボットは、この三カ条を破りそうになると、頭脳回路が壊れて機能を停止してしまう。だからアシモフのロボットは、絶対に人間に危害を加えることができない存在として描かれる。

それでもなお彼の作品世界のなかでも、人びとのヒト型ロボットへの抵抗は強く、長い間、地球上では使用が禁止されていた。ほかの惑星などでの、限られた宇宙開発の現場でしか使えなかったのである。アシモフは、作中の一登場人物であるロボット工学関係者に、こうしたロボット使用の制限は、人びとの「フランケンシュタイン・コンプレックス」のせいだと罵らせている。この言葉も、アシモフの独創的な造語である（私が見つけた限りでの初出は、一九五七年発表の短編「レニイ」）。

この造語は、ユネスコの報告書が指摘した現実の人びとの態度の性格を、とてもよく表わしている。アシモフの説明ではフランケンシュタイン・コンプレックスとは、「自分たちが創造した人造人間が創造主に襲いかかるのではないかという恐怖」だけでなく、「ロボットが人類にとってかわるかもしれない」という恐怖も含んでいる（一九七四年発表の短編「世のひとはいかなるものなれば……」小尾芙佐訳）。つまり先に指摘したように、ロボットの存在は、造物主と被造物の間の境だけでなく、人間とそれ以外の被造物の間の境をも破ってしまうことで人間を脅かすと受け取られる。それは、神に唯一似た存在である人間の優越性が失われるという恐れ、まさに「コンプレックス＝優越感と劣等感が複合した観念」なのである。

これに対し日本人は、唯一の神＝造物主の信仰を支配的な宗教文化として持ったことがないので、フランケンシュタイン・コンプレックスも持たないでいられる。日本人がロボットをよく受け入れられるのは、日本の漫画やアニメのおかげだと主張する向きがあるが、それは表面的な見方にすぎない。日本の漫画やアニメがロボットを好意的に描くのは、日本人がフランケンシュタイン・コンプレックスから自由だからだ。それは、日本のロボット漫画の第一人者、手塚治虫の『鉄腕アトム』（一九五二年雑誌連載開始、一九六三年テレビアニメ放映開始）によく表われている。手塚も、ロボットは人間に危害を加えてはならないという規範を作品世界で設定しているが、それは、人間がつくった「ロボット法」という法律によるものだ。アシモフのロボット工学三原則は、ロボットの頭脳回路に植えつけられたもの、つまり内面化された、破りようのない規範なのに対し、手塚のロボット法は、法律という、外から課された、ロボットに内面化されていない規範にすぎない。法律は破る者がいることを前提にした規範だ。だから手塚のロボットたちは、アシモフのロボットたちよりも、行動の制約が少ない。アトムは人間の悪漢をぶっ飛ばしたり投げ飛ばしたりする。これは、人間に危害を加えるという行為の違法性が、相手が悪漢だからという理由で阻却される、つまり許される（と、アトム自身が判断できる）からだと考えられる。アシモフのロボットはたとえ相手が悪漢だろうと、人間なら危害を加えることはできない。両者を縛る規範の違いは明らかで、日本人は、ロボットに、その程度の緩い規範を課すだけで十分だと思っているのだ。手塚とアシモフがつくったロボットの規範のあり方の違いは、ロボットに対する見方の違いを表わしているのである。

日本人は宇宙進出に適している？

日本人がロボットを脅威と感じるコンプレックスを持たないとすれば、宇宙にロボットを連れて行くことにも抵抗は感じないだろう。宇宙進出のためにはロボットの助けを借りることが欠かせないとすれば、日本人は宇宙に出て行くのに有利な適性を持っているといえる。少なくとも、宇宙船の中やよその星で、傍らにいるロボットがいつ叛旗を翻すか、自分たちに取って代わろうとするか、びくびくしないでいられるという点で、フランケンシュタイン・コンプレックスを抱える西洋人よりは、ロボットを伴う宇宙生活への適応に有利だろう。

ふつう日本人は、これとはまったく別の理由で宇宙での生活に適性があるとされる。我《が》を抑えて周りの人間と協調することを優先する性向を持っている点が、閉鎖的な小集団での生活に向いているというのだ。科学ライターのメアリー・ローチは、日本での宇宙飛行士選抜試験を見学して、こう書いている。「極端に一般化してしまえば、日本人は宇宙ステーションで暮らすのにうってつけの人々だ。せまい空間やプライバシーが万全とはいえない環境に慣れている。平均的アメリカ人に比べ、軽量で場所を取らない積み荷《ペイロード》でもある。しかも、おそらくこれが何より重要だろうが、つねに礼儀正しく振る舞い、感情を表に出しすぎることのないよう子供の頃からしつけられている」(『わたしを宇宙に連れてって』二〇一〇年、池田真紀子訳)。

だが、ローチを案内したＪＡＸＡの健康管理担当者が指摘するように、この日本人の平均的性向は、短所にもなる。我を抑え周囲に順応しようとしすぎることで、感情をためこみ抑うつ状態になったり、たまったストレスを爆発させたりすることになりがちだからだ。それは宇宙での生活に適さない欠点になる。

第1章で紹介した閉鎖環境実験で、殴り合いの喧嘩にまで至った深刻な人間関係のトラブルが起こった際、唯一の日本人被験者は、ストレスに耐えられず、実験期間が終わらないうちに、参加をやめて外に出てきてしまった。日本人は、集団への協調を強いられる環境に耐性が高いかもしれないが、個人のエゴより集団への協調を優先する価値観を共有しない者が現われると、強いストレスを受けてしまう。つまり対立した人間関係に弱いのだ。日本人集団のなかでは、そうした対立分子は関係から排除してしまうのが常套手段である。村八分にするのだ。だが、地上での職場や学校よりずっと閉鎖的で、ほかに行き場のない宇宙での生活では、そうした対処をしていては集団生活が崩壊してしまう。対立をうまく受けとめ、それをあらたな協調にまとめあげていく人間関係の管理のスキルは、日本人はあまり高くないと考えられる。だから宇宙進出に参加する日本人は、集団への協調性の高さを売りにするより、ロボットに対する抵抗がなく、それらとうまく関係を結べる性向のほうをアピールしたほうが、いいのではないだろうか。

ロボットとの共生の功罪

ただロボットとの相性の良さというセールスポイントも、一長一短ある。宇宙での生活で、ロボットを頼もしい相棒と認めて親密な関係をつくれるのはいいのだが、それが行き過ぎると、人間同士の関係に悪影響を与える恐れがある。

それを示す現実のいい例が、ラブドールが提起する問題だ。かつて「ダッチワイフ」とも呼ばれていた、性的欲求を満足させるための人形は、ビニール製で息を入れて膨らませていた昔の姿から長足の進歩を遂げている。いま最も高級なものは、シリコーン樹脂におおわれ生身の人間に近い感触を持ち、関節を備えてさまざまな姿勢をとらせられるようになっている。多くは女性の形だが、男性型のラブドールを売るメーカーもある。最近は、人工知能的なソフトウエアを搭載し、感情を込めた簡単な受け答えができるロボット・タイプの高品質のものも出てきた。日本はロボット工学に長じているが、ラブドールの世界有数のメーカーの一つも、日本にあるという。

こうしたロボット・タイプの高性能のラブドール（以下、略してラブロボット）は、性的な障害の治療に使えるか、性犯罪を減らすのに貢献できるか、ロボットのセックスワーカーは受け入れられるか、そもそも人間はロボットとセックスしたいと思うか、といった問題を提起している。だが本書の関心からいちばん気になるのは、ラブロボットと親密な関係を持つようになると、その人は社会的に孤立するようになるのではないか、という指摘だ。実際、生身の人間よりヴァーチャルなキャラクターとの関わりを好み、引きこもりがちになる人が増えてきたといわれる。ラブロボットが普及すると、そうした引きこもり蔓延傾向にいっそう拍車がかかって、社会問題になるかもしれない。

宇宙に出て行く際も、ラブロボットを持って行くか、あるいは連れて行くロボットにラブドールの機能も持たせることは、十分考えられるだろう。とくに初期には、限られた人数の閉鎖的小集団生活が強いられるから、そういう必要性はたしかにありそうだ（日本のダッチワイフは、南極越冬隊員のために開発されたものが元になっているという伝説がある。通販の広告で「南極〇号」なんて名前がつけられていたのを思い出す。いえ、私は買ったことはありませんが)。ただラブロボットと親密になりすぎて、ほかのメンバーとの人間関係が疎遠になるような事態は好ましくない。とくに、ほかの天体での植民を目指す集団では、生殖を進めるのに深刻な悪影響をもたらす恐れもある。もちろん、宇宙進出において生殖はすべて実際の交わりを介さない人工の技術で行えばよく、セックスはロボットがあれば十分、というシナリオもありうるだろうが。

セックス以外の、宇宙での生活全般でも、ロボットに頼りすぎるとまずいことになるかもしれない。ここでもアシモフが、その問題を描いてみせてくれている。

アシモフの作品には、当初二つの異なる系列があった。ロボットが文明社会の一要素としてとけ込んでいる未来を描いたものと、ロボットがまったくいない未来を描いたものの二つである。ロボットがいるのは、人間が地球から五〇の惑星に進出した、いわば宇宙開拓の初期の時代を描いた作品群で、ロボットがいないのは、それよりはるかな未来の、人間が銀河系中に広まった時代を描いた作品群だ。ロボットSFの大家アシモフが、なぜロボットのまったくいない未来世界を描いたのか？　かつてそれは、ロボットものと銀河帝国ものという二つのジャンルを書き分けているのだと思われていた。だが晩年になってアシモフは、二つの作品系列を一つに統合した。異なる世界の別々の歴史だと思われていたものを、同じ世界の一つの歴史につなげたのである。そこで彼は、銀河系中に広まるなかで、なぜ人間はロボット文明を放棄したのか、なぜロボットとの共生は選ばれなかったのか、という問いに正面から答えようとした。

アシモフが示した答えは、ラブドールの問題として提起されたことと通じるものだった。多くの作業をロボットに任せる生活様式が進むと、一人ひとりの人間がたくさんのロボットにかしずかれるようになる。そうなると人間はロボットの壁に囲まれた社会を築くことになり、人間同士の関係が疎遠になっていく。そうしたロボット文明社会では、人間の活動はすべて個人を単位とするようになり、互いの知識や経験を共有しようという姿勢が失せてしまう。これはとりわけ科学研究の分野では致命的になり、文明の発展を阻害してしまう。加えて、ロボットは人間を取り囲んで守ろうとする。そのおかげで人間は危険から免れられるが、冒険を通じた新しい経験もできにくくなる。ロボットに囲まれた安全安心な生活は、住み慣れた星を出てよその天体の開拓に出ようという宇宙進出を阻む壁になる。第2章でみた、不老長寿の獲得のマイナス面と同じことになるのである。アシモフは、ロボット文明を高度に発達させた惑星社会に生きる登場人物の一人に、こう言わせる。この先もロボットを宇宙開拓に連れて行けば、同じ壁をまた築くことになる。人間は、ロボットの力を借りずに、銀河系に進出するべきだ。そこでは、ロボットがいれば未然に防いでくれる、たいへんな苦難と危険に直面するだろうが、長い目でみれば、人間は自分たちだけの力でやるほうがいいのだ、と(『夜明けのロボット』一九八三年)。まだこの星ほどのロボット文明を築いていなかった地球で宇宙開拓を目指していた有志たちは、この忠告に従って、宇宙に出る際ロボットの使用を禁じた。銀河系中に植民できたのは、この地球人有志たちの末裔だった。高度なロボット文明を備えた星の人びとは、ロボットを持たない人びととの宇宙開拓競争に敗れ、銀河帝国を築いた人類の歴史から消え去ったのである（『ロボットと帝国』一九八五年、『ファウンデーションと地球』一九八六年）。

このアシモフ博士の洞察は一考に値するものではあるが、宇宙でのロボットの使用に対して、オール・オア・ナッシングで臨まなければいけないということもないだろう。要は、社会の発展を阻む壁にならない程度にほどほどにおさえればいいのだ。第2章で述べた、不老長寿への対応と同じである。ここでも、目先の便利さや安全安心を求める欲だけを追求しない、理性の成熟が求められるということだ。

ロボットと共生するのに必要な配慮とは

ではどの程度のロボットとの共生が適正な範囲なのか、それは量の問題なのか（たとえば一つの宇宙植民地で人間一人につきロボットは何台までと制限すればいいか）、それとも質の問題でもあるのか（ロボットに任せていいことと人間でなければしてはいけないことを分ければいいか）。これは、地上でのロボットとの共生のあり方を考えることにも通じる問いになる。

ここではこの問題を、やや違う角度から考えてみよう。ロボットに対してどのような態度を取れば、私たち人間は道を誤らないですむだろうか。

小説『フランケンシュタイン』が描いたほんとうの悪は、科学者が人造人間を創ったことではなく、創ったものを捨てて顧みなかったことにある、という指摘がある。小説のなかで、フランケンシュタインが生み出した人造人間は、はじめから怪物だったわけではなかった。創造主である彼がその外見を嫌悪して外に放り出してしまい、出会ったほかの人たちからさらに嫌悪され蔑まれたことが重なったために、寄る辺のないみじめで孤独な身の上となった人造人間は、怪物になって人びとに暴力的に復讐することになったのだ。つまり私たちを滅ぼすのは、人造人間の創造そのものではなく、創造したものへの配慮を欠くことだ、というのである。

これを人間とロボットの関係に置き換えていえば、ロボットそれ自体は人間の脅威になる怪物ではなく、共生が可能だが、その際人間はロボットへの配慮を怠らないようにしなければいけない、ということになる。ロボットは、死肉を寄せ集めて創られたフランケンシュタインの人造人間と違って機械だが、人間の生活に関わる作業を行える知能を備えさせるのであれば、同じような存在だといえるだろう。

では知能を備えたロボットに対して、人間はどのような配慮をしなければいけないだろうか。この問題を考えるには、動物(ヒト以外の動物。以下、同じ)の処遇をめぐる、人間と動物の関わりについての歴史が、とても参考になる。

人間は動物を飼いならして、長く物扱いしてきた。動物は農耕や運搬などの作業をさせる道具だった。売り買いされる財産だった。ロボットも、同じだろう(動物は食料にもされてきたので、そこはロボットとは違うが)。

だが一九世紀になって、西欧社会では産業化が進展し、多くの人びとが都市部に移住して、人口が密集するようになった。当初はそこでも人びとは農村にいたときと同じように動物に対してふるまっていたようだ。その結果、動物を乱暴に扱う行為が目にあまるようになり、人間の品位や道徳心をおとしめる、子どもの教育にもよくない、何とかしないといけない、と考えられるようになった。一八二二年に英国で、世界で初めて動物の虐待を罪として罰する法律がつくられたのは、そうした理由からだと思われる。これが、動物保護の始まりとなった。

最初、動物虐待が罪とされたのは、人間の品位を守るためであって、動物を守るためではなかった。だがその後、西洋社会では、虐待を防ぐ動物保護が進展するなかで、動物自体に守るべき価値があると考えられるようになった。野生動物の保護はまた別の問題だが、人間の管理下にある動物についても、二〇世紀後半、その地位が格上げされるようになった。動物は単なる物ではないということが、道徳的にだけでなく法的にも認められるようになったのだ。

たとえばフランスでは、一九七六年につくられた法律で、動物は「感覚のある存在」であるとする規定が設けられた。単なる物である椅子は蹴って壊しても苦痛を感じないが、同じことをしたら動物は苦痛を感じる。だから動物は物ではない、独自の地位を与えて守らなければいけない、としたのである。これに合わせて、一九九四年に抜本改正された新刑法では、虐待などの動物に対する罪は、財物に対する罪ではなく、「その他の罪」として独立のものとされた。それまで刑法上は、動物虐待は器物損壊でしかなかった。つまり物扱いだった。器物損壊は他人の財産を侵害する罪なので、自分のペットや家畜だったら、自分の財産だから、傷つけようが殺そうが罪には問われない。だが動物虐待が器物損壊とは独立の罪にされたことで、自分のペットでも怪我をさせたり殺したりしたら、罪に問われることが明確にされた。動物が、単なる物から、それ自体保護される価値がある独自の存在に格上げされたのである（ただフランスでは民法上は、動物は依然「動産」扱いでほかの物と異なる地位は与えられていない。ドイツやオーストリアでは民法でも「動物は物ではない」として特別の扱いを求める条文が設けられているので、フランスでもそうした民法改正が検討されている）。

日本でも、動物虐待に適用される罪は刑法の器物損壊だけだったが、一九七三年に「動物の保護及び管理に関する法律」がつくられ、刑法とは別に、動物虐待が罪とされることになった。長年この法律はほとんど適用されることがなくザル法だと揶揄されてきたが、一九九九年に同法は「動物の愛護及び管理に関する法律」に改正され、動物虐待の罪に対する罰則が、罰金刑だけだったのが、懲役刑も導入されて、保護の度合いが高められ西欧並みに近づいた。その結果、自分のペットを虐待した行為が刑事事件として立件されるケースが増えるようになった。警察の取り締まりの態度が、ようやく厳しくなってきたのである。

ちなみに日本の法律では、動物を「命あるもの」であると定めている。これは、人間と動物の関係という点で、西欧の法律の「感覚のある存在」より一歩踏み込んだ規定のように思える。人間は「感覚がある」だけでなく、意識や知性がある、それ以上の存在だといえるが、「命ある」存在だといってしまえば、人間も動物と同じだと考えられるからだ。

本論に戻ろう。これから私たちは、動物と同じようにロボットと共生することにするのであれば、ロボットに対する処遇も、動物の処遇と同じように考えるべきだろうか。つまり、ロボットは機械だから苦痛は感じないが、たとえば「知能のある存在」であるからなどとして、単に物扱いしない、特別の地位を与えるべきだろうか。

ロボットに法的権利を認める？

じつはロボットに独自の法的地位を与えようという議論は、すでに実際に出てきている。ヨーロッパ議会（ヨーロッパ連合の議会）は、二〇一七年二月に採択した決議で、「長期的には、ロボットのための特別の法的地位の創出」を検討するよう、ヨーロッパ委員会（ヨーロッパ連合の行政機関）に求めた。この決議は、ロボットの自律性が高まっていくなかで、ロボットが何か被害や損害をもたらしたとき、製造者や設計者がすべての責任を問われるのを防ぐ仕組みの一つとして、賠償保険制度などと合わせて提案されたものだ。ロボット産業の育成と保護のために、ロボットの行為によってもたらされた損害の責任を、当のロボットに負わせることができるようにしようというねらいがあっての提案なのである。にもかかわらず、この決議は、ロボットの法的権利を認めようとする議論が始まったものと受け取られ、物議をかもした。

あたかもそうした世間の反応に追い討ちをかけるように、同じ二〇一七年の一〇月には、サウジアラビアでヒト型ロボット「ソフィア」に市民権が与えられたとの報道があり、これまた物議をかもした。

　こうした動きに対し、西洋社会ではすぐに反発と懸念の反応が出てくる。それは、ロボットが人間に近い存在になることを恐れる、フランケンシュタイン・コンプレックスがあってのことだろう。だがそういう受けとめ方が出てくるのも無理はない背景もある。西洋社会では、人間でない存在にも法的権利を認めようとする動きがほかにもあるからだ。動物保護団体などによる「動物の権利」の主張がその最たる例だ。

　法学者の青木人志は、ヨーロッパのなかでもフランスではとくに、人びとが保護するに値すると認める利益を、法人格を与えるという法技術を使って守ろうとする考え方があると指摘する。動物保護を徹底するために動物に法人格を与えるべしとする議論が法学者の間にもあるが、それはそうした考え方から出てくるのであって、そこで動物に権利を与えるというのは、人間が、保護する価値があると認める動物に対し、責任と義務を負うことと同義だと、青木は説明する。動物が不必要な苦痛を受けることなく天寿を全うする権利を守るために、人間は動物を物扱いせず特別に保護する責任と義務を負う。だがそれは動物を人間と同一視することではない、というのだ。

　ただそうではあっても、法的に物ではない特別の地位が与えられることには、人間の地位に近づくという意味合いがあるのはまちがいない。近代法は、この世には、権利の主体である人間と、権利の客体である物しかない、という構成を採っているからだ。人間でない存在は物であり、物でない存在は人間である。動物保護意識の高まりによって動物の地位が向上した結果、そうした「人間／物」の二分法が揺らいで、物でないが人間でもない、新たなカテゴリーが求められるようになった。フランスの刑法で、動物に対する罪が、人間に対する罪、財物に対する罪とは独立に、「その他の罪」というカテゴリーに入れられたのは、その表われなのである。そしてその第三のカテゴリーは、物でなくなるのだから、対極にある人間のほうに近づいたことになるのだと考えるしかない。

ではロボットはどうだろう。ロボットにも、物扱いされず不当に壊されたりしないで機能し続ける権利ないし独自の法的地位を認め、人間はロボットを保護する責任と義務を負わなければならないだろうか。それともロボットはあくまで道具にすぎず、消耗品として扱えばいいだろうか。ロボットに法人格を与えるべきか否かという議論は、そうした問題を私たちに投げかけている。

近代の人権拡大の歴史――その最前線としてのロボット

この問題は、物の側からだけでなく、人間の側からも考える必要がある。人間に認められる権利、つまり人権を持つものとそうでないものの境目は、どこにあるだろうか。

近代社会の歴史は、人権の拡大の歴史だとみることができると私は考える。人権の内容だけでなく、人権を持つ主体も、広げられてきたのだ。

近代の人権の出発点は、フランス革命が始まった一七八九年に出された「人および市民の権利宣言」である。そこで掲げられた人権の内容は、政治権（参政権）と経済権（所有権と契約の自由）が主だった。そこに、一九世紀から二〇世紀にかけて、社会権（労働する権利、生存する権利）が加わる。さらに二〇世紀末からは、環境権などの新しい人権が加わる。

そしてより重要なのが、そうした人権を持つと認められる主体の拡大である。フランス革命勃発当時、社会の実態としては、人権が認められたのは有産階級の成人男性である西洋白人に限られていたといっていいだろう。それが徐々に、無産階級、女性、子ども、非白人（西洋から見た植民地人）に拡大されていった。さらに私が専門にした生命倫理では、現に生きている人間だけでなく、まだ生まれていない存在（胎児～受精卵）や、脳死者や死んだ者（の体の一部）にまで人権に近いものを想定し、保護の対象とするようになっていった。また、法的権利の行使には意思能力を有することが条件になるが、医療や福祉の進展で、疾患・障害や加齢などによって意思能力を十分に持たなくなった者も保護の対象とされるようになった。そういう人たちはもはや人権を持たないという扱い方は、昔はともかく、いまはしなくなっている。

このような人権の主体の拡大の最前線に、動物の権利論も顔を出す。西洋では、進化上人間に近い類人猿だけでなく、脳中枢が大きく発達しているという理由で、クジラ類まで人間と同等の扱いをすべきだという議論がある。そこに、機械だが知能を備えたロボットが出てくれば、同じように権利保護の対象にすべきだという議論になるのは、自然な流れなのである。損害賠償責任の議論から出てきたロボットの法人格の提案が、思わぬパンドラの箱を開けてしまうのは、こうした、近代から現代までの一貫した人権拡大の歴史が背景にあるからだ。

SF作品のなかでも、ロボットの地位向上は、法的権利の拡大として、具体的には黒人の公民権運動のロボット版のように語られることが多い。米国人であるアシモフはもちろん、日本人の手塚も、ロボットがだんだんに権利を認められていく歴史を、公民権運動のイメージそのままに描いている(『アトム今昔物語』一九六七～六九年新聞連載。ごていねいに舞台まで日本ではなく米国に設定されている)。

人工知能脅威論の意味するところ

ロボットにも、人権に匹敵するような、尊重され保護されるべき主体としての権利を認めるかどうか。それを決めるには、人間に近い知性を持ち、人間と円滑に社会生活を営めるかどうかが重要な基準になるだろう。ロボットが備える人工知能は、人間の知性と同等か、あるいはそれを超えるものになるのだろうか。

フランケンシュタイン・コンプレックスは、ロボットだけでなく、人工知能にも向けられる。SF作品に現われたその典型的な例が、映画『二〇〇一年宇宙の旅』で描かれる、宇宙船に搭載された人工知能の「反乱」だ。

この人工知能は、「発見能力をプログラムされたアルゴリズミック・コンピューター Heuristically-programmed ALgorithmic computer」で、その頭文字をとってＨＡＬ《ハル》という名前を与えられ、船の航行と生活環境維持を任されている。ＨＡＬは、船内の視聴覚電子端末を介して、搭乗員を個人識別し、言語で会話し意思疎通することができる。空き時間には搭乗員とチェスをするといった場面も描かれる。そのＨＡＬが、搭乗員たちが自分の善意と能力に疑問を持ち始めたことに気づき、邪魔されずに自分だけで使命を遂行できるようにしようと、搭乗員を抹殺する行為に走る。冷凍睡眠による生命維持装置を止められたり宇宙空間に放り出されたりして何人もが犠牲になるなか、闘ってただ一人生き残った船長が、船の管理権を取り戻すため、ＨＡＬの機能を停止させることに何とか成功する（大きな部屋の中にある電子回路基盤の板を一枚いちまい取り外していくという、非常にアナログな方法で！）。この場面で、ＨＡＬが、そんなことをされたら自分は存在しなくなってしまうと船長に訴えるシーンは、それまでの恐ろしさと一変して、何とも哀しい色調を帯びる。映画ではそこまで描けていないが、アーサー・Ｃ・クラークによる小説版では、船長が、個性を備えた意識のある存在を抹殺する結果になることにためらいを覚え、単純に機械のスイッチを切るのとは大違いなのに当惑する、という描写が加えられている。

宇宙進出に際しては、自律型のコンピューターである人工知能の助けを借りることも当然必要だろう。だから『二〇〇一年宇宙の旅』のＨＡＬの反乱は、関係者にとって、いちばん起こってほしくない災厄であり、究極の悪夢だろう。

現在すでに、多くの機械が何らかのコンピューター制御システムを備えているのがあたりまえになっている。そこにさらに、すべての機器をインターネットでつないで一体的に制御する「物のインターネット化」が実用化されようとしている。それが普及すれば、『二〇〇一年宇宙の旅』で描かれた、中央コンピューターが運行だけでなく生活維持機能まで自動管理する宇宙船と同じ環境が、私たちの日常生活で用意されることになる。

そうなると怖いのは、管理を一手に任された人工知能の故障や暴走だが、それは技術的な事故の問題にすぎない。いまいわれている人工知能脅威論は多分に、ＨＡＬの反乱の描写がそうであったように、フランケンシュタイン・コンプレックスによるもの、つまり人工知能が人間の知性を超え、人間に取って代わり、私たちの生死を支配するようになるのを恐れる意識から来ていると考えられる。日本での議論は、この西洋発の人工知能脅威論に煽られているだけのような気もする。二〇一七年一一月に東京都渋谷区が、人工知能のアヴァターに特別住民票を交付したという報道があったが、それに懸念を表明したのは外国のメディアやネット世論で、国内では否定的な反応はほとんどみられなかった。これは、日本人には人工知能に対しても、それを脅威と感じるフランケンシュタイン・コンプレックスが西洋人ほどにはないことの表われだろう。だから日本人は、人工知能が制御する宇宙船やほかの天体での生活に、より高い順応性を示すかもしれない。それがいいことかどうかは別にして。

人工知能と人間の知性の違い

昨今の人工知能脅威論に対して、人工知能研究者の松田雄馬は、二つの論点から冷静な評を下している。一つは、いまある「人工知能」は単なる道具にすぎず、人間に取って代わるようなものではないという分析。もう一つは、外界と直接かかわり合う身体性を備えない人工知能は、人間の知性と本質的に異なるので、どれだけ発達しても人間を超える存在にはならないだろう、という論である。

第一の論点。松田は、近年のブームで「人工知能」といわれているものの多くは、「情報技術（IT）システム」「ウェブ検索」といっていたものをいいかえているにすぎないと看破する。たとえば「人工知能が小説を書いた」といっていることの実態は、学習した日本語を確率的に並べ替える機械を使って、研究者が並べた文章を出力したというだけのことだ。つまり、世にいう人工知能のほとんどは、知識情報を処理する能力を持った道具で、ワープロソフトやアプリケーションソフトと同じだというのである。道具はよい使い方を考えればいいので、その存在自体を脅威だと恐れる必要はない。

人工知能の「知能」とは、「知識情報の処理能力」の略で、人間の知性の働きのごく一部を成すものにすぎないことが、この松田の指摘でよくわかる。知能指数テストで測れるのは、人間の能力ないし賢さの、ある一面にすぎないといわれるのと同じことだ。人間がするように、情報処理の結果をふまえて、どうするかを自分で判断して動くことができる人工知能は、まだ実現していないと松田はいう。

第二の論点。では、人間の知的能力の全体を、仮に知能と対比して「知性」と呼ぶとして、人間の知性は、人工知能とどう違うのだろうか。

松田は、人間を含めた生きものの実際の認知機能の研究から、自分で判断し動くことができる「知」とは、刻々と変わる環境と相互作用を行い、その環境と調和的な関係を築くことができる能力であると論ずる。身体を介して予測不能な実空間の環境に適応していく仕組みが、「知」であるというのである。この論でいけば、身体を持たないコンピューター上のプログラムである人工知能は、そうした「知」に至ることはないから、人間の知性を超えるような存在にはならない、ということになると私は理解した。

ただこの松田の論は、二つの点で足りないところがある。

まず、右のような「知」のとらえ方は、多くの生物にあてはまるもので、人間の知性の定義にはなっていない。動物の認知能力と人間の知性に質的な違いはない、といいたいのならわかるが、そう結論する前に、人間にはほかの動物にはない独自の知性があるかないか、あるとすればその本質は何か、もう一歩突っ込んだ議論が必要だろう。

また、身体を備えないと実際の知にはならないというなら、身体を備え環境と相互作用を行えるロボットに搭載すれば、人工知能は松田のいう「知」の水準を獲得することができるのではないか。この点も、さらに議論する価値があるだろう。

この二つの論点を一緒にして突き詰めていくと、人間とは何か、人間と人工知能を備えたロボットはどこがどう違うかを考えることになる。それは第2章でふれた、生体の機能をどこまで機械に置き換えたら人間は人間でなくなるのか、という問題にもつながる。

私は、ほかの動物にはない人間の知性とは、「一回きりの自分」を認識していることだと考える。それは、過去から未来に流れる時間の存在を認識していることと一体となって、人間の本質を成している。つまり、人間は、かつて自分のいなかった過去の世界があり、それが自分のいる現在の世界につながっていて、さらにその先に自分がいない未来の世界が続いていくことを理解しており、その理解をすべての判断と行動の前提にしている。それが、動物とは異なる、人間だけの知性の本質ではないだろうか。

この自己と時間の認識は、「死」の認識でもある。自分が生まれる前にも世界はあったし、自分がいなくなった後にも世界は続く。それを理解することが死の認識で、だから人間は、葬送をする動物になった。死んだ仲間を祀るのは、個々の死を超えて時間は流れ世界が続いていくことをみなで確認し合う、人間独自の営みなのである。

そして、自己と時間の認識が人間の知性の本質だとすれば、ロボットという身体を備えた人工知能に、自分が存在する前にも世界があり、自分が機能しなくなった後にも同じように世界は続く、その流れのなかに現在の自分がある、という認識をプログラムすることができれば、その人工知能は人間の知性を備えたといえるのではないだろうか。

いいかえれば、生きもののようには死なない機械である人工知能ロボットに、自己の死（永続的な機能停止、存在の終止）の可能性とその意味を理解させることができれば、ロボットは人間に近づくといえないだろうか。アシモフは、人間と同じ地位と権利を勝ち取るロボットの物語を書いているが、そのロボットが人間になるために最後にしたことは、自分の電子頭脳をすべて徐々に死んでいく神経細胞に置き換えることだった（一九七六年発表の中編「二百周年を迎えた人間」）。よく、身体機能のすべてを機械に置き換えても、脳さえ機械にしなければ人間性は保たれるという。だがただ脳を機械にしないことが人間の条件なのではない。脳が死ぬのを認識できていることが、人間の本質なのである。だから機械の脳でも、死の認識が組み込まれていれば、人間性を備えることはできると私は思う。

ＳＦアニメ『攻殻機動隊』テレビ第一シリーズ（二〇〇二〜〇三年）の終盤で、自律型人工知能を搭載した汎用機械車両「思考戦車タチコマ」は、人間の同僚を助けるために捨て身の攻撃に打って出る瞬間、その同僚に向かって「さようなら」と別れを告げる。敵とともに砕け散ったタチコマだが、指揮官は、やつらはゴーストを獲得していた、とつぶやく。「ゴースト」とは、この作品世界で、高度に機械化され電脳化された人間に、唯一残された人間性ないし人格のありか、いいかえれば、「魂」を指す言葉である。ゴーストは人間だけにあるとされ、タチコマたちはいつかそれを手に入れてみたいと憧れていたのだが、彼らがそれを得たのは、自らの死と、その後も同僚が生き続ける未来を認識できたからだ。私はそう理解している。

死を認識する人工知能ロボットは、死すべき存在である人間に取って代わろうとするだろうか。ロボットを連れてはるかよその天体に出かけた先で、人間が生き続けることができずに死に絶えてしまったら、残されたロボットたちは、自分たちの存在意義をどう認識するだろうか。われわれは人類の末裔だ、宇宙進出を引き継ぐ新しい種だ、と考えるかもしれない。人間は、そんなロボットたちを、自分たちの子孫だと思うことができるだろうか。宇宙に出て人間が人間でないものに変わっていくことを、私たちは受け入れることができるだろうか。そもそも、人間でない、とはどういうことだろうか。章を改めて、さらに思考実験を続けてみよう。

〈幕間・対話コラム3〉 宇宙に動物を連れて行くのは動物虐待か

――宇宙に出て行くのに、ほかの動物は連れて行くのかな。

――地球が滅びるから、人間だけじゃなくほかの動物も全部連れて脱出する、なんてノアの方舟みたいなことになるのはいやだねえ。移住目的で限られた種類を連れて行くことは考えられるかな。

――たとえばウシやブタみたいな畜産動物とか?

――肉食は、動物の餌を生産して、それを食べさせて育てたものを人間が食べる、という二度手間になってコストがかかるから、当面は無理だろうね。

――じゃあ、宇宙に進出する人たちは菜食になるということ?

――すでに植物性のタンパク質や脂質を使った人造肉の開発が進んでいるから、宇宙での食文化は、動物性タンパク質に依存しない方向に進むんじゃないかな。

――それは動物愛護のヴィーガンの人たちが喜ぶね。家畜はなしだとすると、ペットとして連れて行く?

――愛玩動物を飼う余裕があるかどうかだけど、コンパニオン=相棒という観点では、イヌが最有力候補になるだろうね。

――それはなぜ?

――イヌは、人間といちばん長く暮らしてきた動物だからだよ。オオカミの一派が人間と共生を始める起源は、一万五〇〇〇年前くらいまで遡れるらしい。人間とオオカミは、家畜にするという一方的な関係じゃなくて、狩りをするときや、ほかの捕食動物から身を守るのに協力できるという利害が一致して、一緒に暮らすようになったといわれてる。人間との暮らしに適応していくことでオオカミは習性・体形・心性が変化して、イヌという種になったみたいだ。

――イヌは人間に忠実に尽くしてくれるというイメージがあるのは、そのためかしら。

――それに応えて人間もイヌに相応の愛護を尽くしてきたと思いたいね。それで宇宙だけど、イヌは、人間たちがよその天体に出かけてそこで暮らそうとし始めたら、あいつらだけじゃ心配だな、俺たちがついて行ってやらないと、なんて考えるかもしれないよ。

――そうしてくれたらありがたいし、心強いね。

――だから地上でも、イヌを安易にペットにして粗略に扱っちゃいけない。無責任な飼い主が多すぎるよ。

――ちゃんと行状をあらためて、人間と暮らすことを選んでくれたイヌに見放されないようにしないといけないね。宇宙に連れて行けるかどうかとは関係なく。

――ほんとそうだね。ただ実際に宇宙に連れて行くとなると、動物愛護団体の人たちがどう言うかな。

――危険な宇宙旅行をさせるなんて動物虐待だ、許せん、って反対するかな。

――たしかにリスクは少なくないからねえ。あと、宇宙開発の初期に、人間が地球外環境でも生きていられるか試すためにまず動物実験をして、イヌやサルを犠牲にした「前科」があるから、イメージは悪いかも。

――ああ、ソ連が人工衛星に入れて飛ばした、ライカ犬！

――そう、イヌが地球周回軌道に出る最初の生きものにされたんだ。この実験はもともと生還させせない計画だったんだけど、衛星カプセル内の温度を管理しきれなくて、地球を数周しただけで暑さで死んでしまったらしい。そのことは長く公表すらされなかった。こんなひどい動物実験は、いまでは倫理委員会で承認されないよ。

――実験動物として宇宙に連れて行くというのは、これからもあるのかな。

――国際宇宙ステーションでは、適切な飼育環境をつくるのが難しくて、たとえば地上でよくやられているマウスを使う実験はあまり進んでいないそうだよ。日本の企業が本格的な飼育実験設備の開発を手がけて、やっと二〇一五年にステーションに打ち上げて、二〇一六年から実験が始められるようになったというくらいだから。

――科学研究を進めるのも宇宙開発の目玉なのにね。それじゃどうしてるの。

――動物を使わない代替実験法の開発が進められている。地上以上に、宇宙での動物実験は、目立つこともあって、厳しく管理されているようだね。今後、有人星間飛行の安全性の検証実験には、動物じゃなく、ダミー人形やヒト型ロボットを使うようになるだろうと専門家は予想してる。

――それじゃあ動物を宇宙に連れて行くのはなし、かな。

――でもね、危険な実験だというのは、じつは人間でもそうなんだよ。米国のスペースシャトル、コロンビア号が、二〇〇三年に大気圏再突入のとき空中分解して、乗組員七人全員が亡くなるという大事故があった。そのとき、ＮＡＳＡの管理者が記者会見で、宇宙に人間を送るのはまだ実験段階だから、大きなリスクを伴うのはしかたがない、って言い訳のような発言をしていた覚えがある。私はそれを聞いてびっくりしたよ。二一世紀になってもまだ、地球周回軌道上への打ち上げすら人体実験なのか、って。

――そこまで行った宇宙飛行士の数は、もう五〇〇を超えてるのにね。

――ただそれより外の宇宙に出た人になると、月を周回したのが延べ二七人(二度行った人が三人いる)、そのなかで月に降り立ったのはたった一二人だけだからね。火星に行くなんて、一大人体実験なんだよ。だから、実験台にされるという点では、人間も動物と同じだとも考えられる。

――人間は同意した者しか実験台にしないけど、動物は同意するしないの自由がないから、差は大きいと思うけど。

――それはそうだ。そもそも、人間ではできないことを動物でやるというのが動物実験の本質だからね。でもいまは動物実験の管理はけっこう厳しくなってる。動物には拒む自由がないから、その分ちゃんと守ってあげないと、という雰囲気はある。それに比べると、人間を実験台にするのは、同意さえ取れれば倫理的だと正当化されて、許されるかどうか決めるハードルが低くなるんじゃないかと思いたくなるときがある。有人宇宙旅行なんか、その最たるものになりかねないんじゃない。

――地上でなら倫理委員会で通らないようなリスクのある実験でもできちゃう?

――アポロの最初の月面着陸なんか、相当危なかったそうだからね。当時の宇宙飛行士たちは、成功率は三〇~五〇パーセントだろうと思っていたそうだよ。

――動物愛護の視線が厳しくて宇宙に動物を連れて行くのは無理だけど、人間はうんとさえ言わせればどんなに危なくてもOK、なんてことになったら、ブラックジョークだね。

――だから同意と自己決定に重きを置きすぎちゃいけないんだ。宇宙でも人間を動物並みに保護しよう!

――話が逆だよ。イヌがなんて言うか、聞いてみたいわ。

第4章

宇宙で人間は人間を超えたものになる？

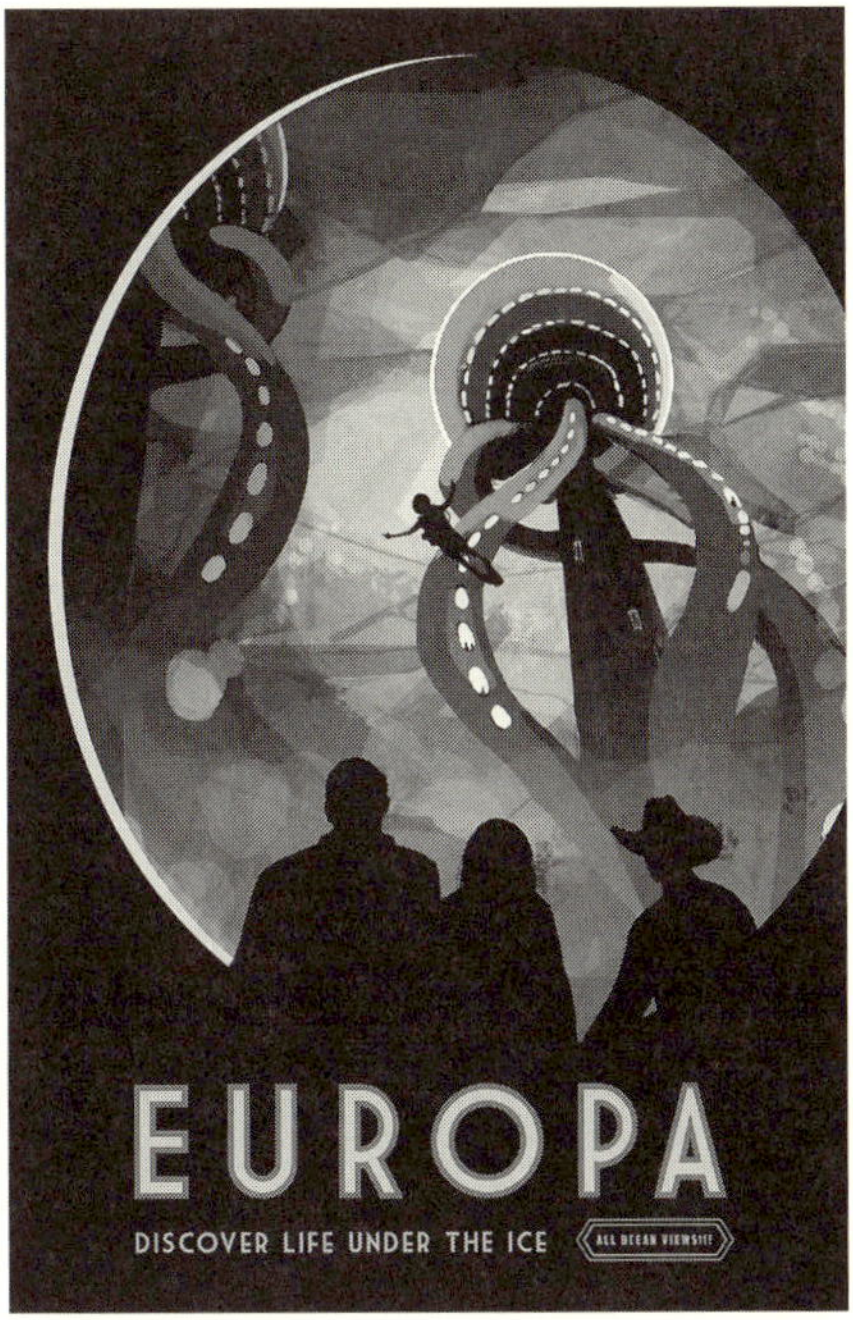

宇宙での進化、宇宙への進化

チャールズ・ダーウィンの『種の起源』の出版一五〇周年を迎えた二〇〇九年、『ナショナル・ジオグラフィック』誌が、「人類進化の行方」という記事を出した。人類はこれからも進化するのか、するとすればどのような形でか、について四つの予想を紹介している。まず、世界中で人間の移動が日常的に盛んになった現代では、交流のなかった異なる集団間での交配や、隔絶した集団での独自な発展が起こらないので、人類はもうこれ以上進化しないとする見方がある。これに対し、現代でも、子どもたちが有利な環境と資質を持てるようにするために、特定の性格を備えた配偶者の選択が行われるので、それを通じた淘汰が重なって、進化が続くことはありうるとする見方もある。また、技術を駆使して人為的に人間に変異を起こす動きが進むだろうとの見方もあり、そのなかには、脳をスキャンして人格ないし精神を電子媒体に保存することで、不死を獲得した新たな存在に人類を進化させようと唱える向きもある（これについてはあとでくわしく考えよう）。そして最後に、人類が宇宙植民を実現すれば、よその天体の隔絶した異質な環境で暮らすうちに、新たな進化が起こるとする見方もある。ここで考えたいのは、この、宇宙での「人類進化の行方」についてである。

宇宙空間あるいはよその天体の環境に適応するなかで人類が新たな進化を遂げる「宇宙での

進化」という未来像は、ダーウィン以来の地球上での進化論の延長として、十分理解可能だろう。現に、宇宙での進化の可能性を示唆する科学的事実も出てきている。二〇一八年初頭、NASAの研究チームが、国際宇宙ステーションに一年間滞在した宇宙飛行士の遺伝子に、予想以上の数百の変異が起こったとの研究結果を発表した。それらの変異のなかで興味深いのは、テロメアの伸長とミトコンドリアの増加につながるものだ。テロメアは染色体の端にあって、細胞分裂の限度、つまり細胞の寿命を制御している。それが平均より伸びたということは、細胞の寿命を長くするような変異が起きたということだ。またミトコンドリアは細胞にエネルギーを供給するいわば発電所で、それが増加したのは、損傷し減少した分を回復させようとした結果だと考えられている。そのほかの変異もすべて同じように、過酷な宇宙環境で受けた細胞のストレスやダメージに対応したものだった。起こった変異の九三パーセントは地上への帰還後すぐに元に戻ったが、七パーセントはそのまま残った。残った変異は、免疫系、DNA修復、骨形成、動脈中の低酸素・高二酸化炭素状態に関わるものだった。いずれも、宇宙ステーションでの環境に適応したものであることは明らかだ。

研究チームは、これらの変化はゲノム全体からみればミニマルなものだというが、地上わずか四〇〇キロメートルのところに一年滞在しただけで予想以上の変異が起こったのだから、深宇宙空間やよその天体に出て行けば、さらにもっと多くの変異が起こるだろう。今回の研究結果からみると、それは必ずしも有害で危険なダメージではなく、むしろ人間の体が、異質で過酷な環境に、かなりすばやく適応しようとする結果なのだと考えられる。このように宇宙環境では相当のスピードで遺伝子変異が起こることがわかったのだから、一定数の集団が宇宙に進出していけば、そうした遺伝子変異が積み重なることで、新たな進化が起こることは十分考えられる。

だが、第1章でみた、人類の宇宙進出は進化の方向として必然だと考えた人たちは、もっとラディカルな見方をしていた。「宇宙での進化」ではなく、人類はまったく別の種になって宇宙に進出するという「宇宙への進化」を彼らは想定していたのである。

ロケットの父ツィオルコフスキーは、宇宙的な未来が必要としているのは、生物学的存在としての人間の根源的な進歩であるとした。彼は人類が創造の最高峰であるとは考えていなかったと、ロシア・コスミズムの研究者セミョーノヴァはいう。つまり人間が人間でないものに進化する未来を想定していたのである。同じくロシア・コスミズムの系譜に連なる、生物地球化学を創始したヴェルナツキーも、人間がほんとうに宇宙に飛び出して行けるのは、その肉体がもっと高い進化段階に達したときだと考えていた。

時代が下って、アポロ9号で地球を周回したシュワイカートは、生物が海から出て陸に上がって生きていけるように進化したのと同じように、地球から出て宇宙でも生きていけるように進化するというヴィジョンを持っていた。人間が宇宙飛行を始めたのはそうした進化の前段階だとみなす彼は、宇宙で生きていくのは、人類がより進化した新しい種になるだろう、と立花隆のインタビューで語っている。

このように、宇宙への進出を、海中から陸上への進出に相当する、生物の進化の大きな転機だと考えるのであれば、海から陸に上がるのに魚類が両生類に進化したのと同じように、宇宙に出る人類も別の種に進化することを想定すべきなのかもしれない。

植物人間になる？

では、宇宙に出るのに具体的にはどのような進化が必要だろうか。一つ例を挙げると、ヴェルナツキーは、人類は従属栄養生物から独立栄養生物に変わらなければならないと説いた。たしかに、ほかの生物を食べないと生きていけない従属栄養生物のままでは、地球外環境に適応するのは難しいかもしれない。植物のように、無機物から有機物をつくり出せる独立栄養生物にならないと宇宙には進出できないというヴェルナツキーの考え方は、一理ある。ただ彼はそれを、人類の生物学的改変によってではなく、ほかの生物の媒介なしに食物を直接合成する技術を開発することで達成できると考えていた。

この方向での人類の生物学的改変を描いたSF作品もある。漫画家の弐瓶《にへい》勉は、ほかの天体に人類を運んで生存させるために、何世代もかけて宇宙を航行している「播種船」という世界を描いた。その船で暮らす人間は、遺伝子改造によって、人工光で光合成をできるように変えられている（『シドニアの騎士』二〇〇九～一五年）。

これは人為的な改変だが、自然界にも、動物が光合成をする例がある。ウミウシの一種に、藻を大量に摂取して、そこに含まれた葉緑体を消化しないで体内で活かすことで、光合成により養分をつくれるものがいるのだ。

こうした生物がいるのは、奇異ではなくむしろ自然なことではないだろうか。そもそも植物が独立栄養生物になれたのは、植物に進化する単細胞生物ができるとき、光合成をするシアノバクテリアと共生したからだ。それがのちに細胞の中の葉緑体になったのである。動物も含めた多細胞生物の先祖となった真核細胞は、元はさまざまな働きをする別々の単細胞生物が集まって共生してできあがったものだ。その際、たまたまシアノバクテリアと共生した細胞から独立栄養生物として植物が進化し、そうしなかった細胞から従属栄養生物として動物が進化した。だとすれば、光合成体との共生は太古の昔にあったきりで終わりなのか、またありうるのではないか、と考えたくなる。ウミウシの例は、葉緑体との共生ふたたび、の一例なのではないかと思えてくる。というのも、研究によると、植物の光合成には葉緑体だけでなく、それを働かせる遺伝子が別に必要なのだが、件のウミウシは、食べた藻から、その遺伝子も取り込んでいるというのだ。だから、宇宙への進化の一例として、葉緑体と共生した独立栄養生物になるというのは、まったくありえないことではないと考えられる。

葉緑体と共生すると、生物はどう変化するだろうか。ウミウシの例では、体色がきれいな緑色になって、体形もやや葉っぱのような形に変わるものもあるようだ。だがそれはあくまでウミウシの変種であって、まったく新しい種とはされていない。ヒトではどうだろう。体表が緑色に変わるくらいですめば、ヒトでない別の種になったとは受け取られないだろうか。『シドニアの騎士』に出てくる光合成人間は、外見上は地球人と変わらない描き方をされている。ショートショートSF作家の星新一も、電流実験の事故で偶然、光合成ができるようになった男を描いているが（一九六二年）、その男は人間のままで、別な生物に変わってはいない。だが色だけでなく、体表が葉脈状のものにおおわれたり、葉っぱのような器官がびっしり生えてきたりしたら、「植物人間」という別種に変わったと受け取られるかもしれない。

「宇宙への進化」は反人間主義の危険な思想か

SF作家で科学啓蒙家でもあったアーサー・C・クラークは、一九五〇年代に宇宙開発の旗振り役を担ったが、彼もやはり、生物が海から陸に出て行ったように、地球から宇宙に出て行くのは進化の必然、運命だと考えていた。そしてクラークは、人類は宇宙に進出するとき、肉体的にも精神的にも変容を遂げ、別のものに進化すると考えていた。彼が作品のなかでどのような人類の「宇宙への進化」を示してみせたかは、あとでくわしくみる。その前に考えておきたいのは、人間が人間でないものに変わることを想定した宇宙進出を、私たちが受け入れられるかどうかということである。それは、人間を至高の価値とするヒューマニズムに反する、とうてい容認できない考え方だと受けとめられるだろうか。

第2章で紹介したフランスの生命倫理法は、まさにそのヒューマニズムに基づいて、種としての人類を法が保護すべき対象とし、人類の改変につながる行為を禁じた。やはり第2章でみたように、昨今のゲノム編集をめぐる議論でも、子孫の改変につながるような応用は認めない、というのが大勢である。つまり、人類の生物学的改変を否定する規範意識が、広く共有されているのである。宇宙への進化という考え方は、この地上の倫理規範と対立することになる。

こうした人類の改変を認めない規範意識は、SF作品の内容にも影響を及ぼしている。ジョン・ヴァーリイの『へびつかい座ホットライン』(一九七七年)では、二〇五〇年に突如太陽系に侵入してきた異星人によって、人類が地球から追放された未来の世界が描かれる。そこで人類は、同じように異星人に母星を追い出された別の知的種族が与えてくれた技術を駆使することで、太陽系の八つの世界(水星、金星、月、火星、冥王星と、土星・天王星・海王星の衛星)に散らばり、かろうじて生存し続けることができた。興味深いことに、この作品のなかで人類は、高度な知的種族が与えてくれた技術情報のうち、太陽系の八世界の環境に適応できるように個々人の体を改造する技術のみ受け入れ、それ以上先の深宇宙に進出していくために推奨された遺伝形質の改変は受け入れようとしなかった。恒星間飛行の技術はあるのに、太陽系を出てほかの星系に行こうとはしなかった。種族的改変を伴う「宇宙への進化」には、乗り出そうとしなかったのである。

体の改変は喜んで受け入れるのに遺伝形質の改変は拒む、宇宙のほかの同レベルの知的種族には見られない「非常にまれな」態度を人類は示した、というこの設定は、作品が書かれた一九七〇年代後半の時代背景に影響を受けているものと思われる。それは、まさに遺伝子工学が初めて実用化された時代だった。第2章でみたように、当時人びとは、遺伝子に手を下すことをいま以上に強く恐れていた。『へびつかい座ホットライン』で描かれた未来の人類の態度は、作品執筆当時の、現実の世界での遺伝子改変に対する感覚を反映しているとみることができる。そのときの感覚が、それから四〇年経った二〇一〇年代の議論にも色濃く残っていることは、第2章でみたとおりである。遺伝形質の改変をタブーとして避ける態度（に基づく生命倫理）は、人類が宇宙に進出していく未来まで、残り続けるだろうか。

翻訳家の中村融は、クラーク生誕一〇〇年の記念に寄せた評論で、こう書いている。「人間が人間以外のものに変わることを是とするのだから、ヒューマニズムの見地に立てば、クラークの思想は危険きわまりない。〔中略〕この危険な思想に関しては、論議がつくされたとはいえない。むしろ、われわれに託された課題だろう。いまクラークを読む意味は、おそらくそこにある」（『S・Fマガジン』二〇一八年二月号）。

私もそう考える。では、この課題をどう議論したらいいだろうか。ここではまずその手始めとして、近年、ヒューマニズムないしそれに導かれた既存の生命倫理に反すると批判されている、ある思想運動を取り上げてみたい。それは、人間を超えると標榜する、「トランスヒューマニズム」という思潮である。

人間の何をどう超えたいと考えるか――トランスヒューマニズム論

トランスヒューマニズムとは、この二〇年ほどの間に発展してきた、「人間の状態を根本的に改善する可能性と欲求を是とする知的・文化的運動」で、具体的には、「老化をなくし、人間の知的・身体的・心理学的能力を大きく高めるために、技術を発達させ広範に利用可能とする」ことを目指す活動である。この活動の指導者の一人である哲学者のマックス・モアは、トランスヒューマニズムが目指す人間の状態の改善とは、現在の人間の形態と限界を超えて、知的生命の進化の継続と加速を求めることだと述べている。

もともと「トランスヒューマニズム」とは、一九五七年に、英国の生物学者ジュリアン・ハックスレーが創った言葉である。同名のエッセイで彼はこう書いている。「人類は、望めば自らを超えることができる。〔中略〕この新しい信念には、名前が必要だ。トランスヒューマニズムとするのがいいだろう。人間の本性の新しい可能性を実現することで、人間は自らを超える。「私はトランスヒューマニズムを信じる。」ほんとうにこう言える人が十分な数になれば、人類は新しい種類の存在に進んでいくだろう。私たちが北京原人と異なるように、いまの私たちとは異なる存在に」(筆者訳)。

このハックスレーの「トランスヒューマニズム」の提唱は、当時の世界に蔓延していた貧困、疾病、過酷な労働、残虐行為、抑圧から人間を解放して、健全で幸福な心身を発達させることができるように、社会環境を整えなければならないという趣旨でなされたものだ。ハックスレーは、現実の状態を改善するためには、人間はいまのままでいてはいけない、そこを超えたものにならなければいけないと訴えたのである。

その後、科学・技術の急速な発展の先にどのような未来があるかをめぐって、一九六〇年代から八〇年代にかけて重ねられたさまざまな議論を先駆けとしつつ、一九九八年に米国で「国際トランスヒューマニスト協会」が設立されて、この思潮の組織的な活動が始められた。同協会は二〇〇八年に名称を「ヒューマニティ＋《プラス》」に変え、講演会の実施や機関誌の出版などを通じて、トランスヒューマニズムの考え方を広めようとしてきた。ここ数年で、ヨーロッパをはじめ世界中に活動拠点が広がっているという。米国では二〇一六年の大統領選挙に向けて、トランスヒューマニスト党を名乗る候補が出馬して話題になった。同じ時期に英国でも同名の政党がつくられている。日本ではトランスヒューマニズムはあまり注目されず、議論もほとんどないが、近年、「日本トランスヒューマニスト協会」が設立されている。

トランスヒューマニズムは当初、生命工学、ナノ工学、情報工学、認知科学などの、現実の、または仮想の科学・技術を総動員して、肉体的・精神的能力を際限なく高めたスーパー人間をつくろうとする、よくいえばユートピア思想、悪くいえば単なる科学・技術オタクだと思われていた。自然の制約を超えようというかけ声のもとに、人工生殖、遺伝子改変、脳の操作などの先端生命科学・医療技術をどんどん推進せよと主張するので、生命倫理に反する（少なくともそれをほとんど顧慮しない)、社会の脅威になりかねない危険な思想だと、とくに宗教的保守派から警戒され、批判されてきた。こうした批判に対して、トランスヒューマニズムを標榜する側は反論すべきところは反論し、それなりに自分たちの主張を論理立てて整えようとしてきている。

トランスヒューマニズムの支持者は、あらゆる疾病や障害のない、不老長寿で、高い身体的・知的能力を持つ人間になることを目指す。その点が、優生思想、障害者に対する差別、格差の増大などを助長する思想だとして批判される。だがこれは第2章でみた、人体の改造・強化向上の是非についての議論におさまる問題で、人間を人間でないものに変えることの是非の問題ではないだろう。病気も障害もなく、不老長寿で、運動能力が高く、ものすごく頭のいい人は、もはや人間ではない、とはいえないからだ(それはそれで逆差別になりかねない)。トランスヒューマニストたちは、自分たちが目指すのは、非人間的な超存在ではなく、より人間的な存在だと反論する。

また、トランスヒューマニズムは、科学・技術による知的生命の進化の促進を支持する一環として、人工知能が人間の知性の能力を超えて進歩していくことも支持している。その点でも、彼らの主張は非人間的(人間でない存在の是認)だと批判される。だがこれも、人間の否定ではなく、人間性を認める対象を広げようという主張だとみることができる。それがよくわかるのが、米国トランスヒューマニスト党が掲げる、「トランスヒューマニスト権利章典」だ。

米国で「権利章典 Bill of Rights」というのは、合衆国憲法に付け加えられた修正一〇カ条が掲げる、基本的人権のリストのことだ。トランスヒューマニスト権利章典は、この基本的人権の主体を、人間だけでなく、「すべての意識感覚のある存在 all sentient entities」に広げる。たとえば第三条はこう定めている。「すべての意識感覚のある存在は、普遍的な生きる権利の平等でトータルな享受 access を認められる」。そこでいう「意識感覚のある存在」とは、前文で、「遺伝的に改変された者も含む人間、サイボーグ、デジタル知能、知的に高められた動物、知的な思考能力を持つよう高められた動植物、その他の知恵のある sapient 生命体」だと定めている。トランスヒューマニスト権利章典は、これらの存在に、医療を受ける権利、プライバシー権、安全に生存する権利、生殖の自由などなど、現代の人権として挙げられるあらゆる権利を認めている。そして最も特徴的なのは、形態の自由、すなわち自分の身体的性質に対し望むことをすべて行う権利を、他者を傷つけない限りという条件付きで、認めている点だ(第一〇条)。これこそまさにトランスヒューマニズムの面目躍如というところだろう。

このトランスヒューマニスト権利章典に示されているのは、第3章でみた近代の人権拡張の流れを、最も極端に押し進めようとする主張だとみることができる。サイボーグだけでなく人工知能や知的能力が高められた動物にも、人間と同じ権利を認めろというのは、まだ現代の権利思想の想定内かもしれない。だが植物やその他の生命体(宇宙人?)まで入ってくると、もうついていけないと思う人は多いだろう。私も驚いた。しかしこのいわば「超・人権」の提唱は、人間的な存在の範囲を広げようという主張であって、人間を人間でないものに変えるよう訴えているのではない。

　それはフランスのトランスヒューマニスト協会の見解にも表われている。同協会は、二〇一八年に全国で行われた生命倫理法改正に向けた議論に参加し、協会の意見をウェブサイトで公表している。だがそのなかに、「人類の完全性への侵害はできない」という現行の禁止規定を廃止せよとの主張は盛り込まれていない。子孫の遺伝的改変はできない。これも、トランスヒューマニズムは人間を人間でないものに変えることを求める思想ではないことを示す一例だといえるだろう。

　さらにトランスヒューマニズムは、人間に課された自然の制約を取り払おうと主張するが、あくまでそれは地上でのことで、宇宙に出て行くための人類の新たな進化を求める方向性は持っていない。米国トランスヒューマニスト権利章典は第二三条で、「すべての国家・政府は、宇宙旅行を推進し資金を供給するための、あらゆる合理的な措置をとる」と定めているが、その目的は、「冒険精神や知識の探求」のためと、「地球が居住不能になるか破壊される場合を想定した、トランス人類《ヒューマニティ》のための究極の安全措置」であるとしている。権利章典には地上での危険や災厄を防ぐ万全の措置を求めた条文が並べられているので、地球上での生存が究極の目的で、宇宙進出ないしほかの天体への移住は、地球に住めなくならない限り考えないというスタンスが明らかだ。宇宙旅行の開発はその万一の場合に備える保険でしかないと読める。ちなみに英国トランスヒューマニスト党の政策綱領には、宇宙開発に関する項目は入っていない。

地上での人間の状態と社会環境の改善・強化向上を求める規定しかない。

人類の可能性の十全な発展を追求するために、自然の制約を取り払い心身の改造と不老長寿の獲得を求める点で、ロシア・コスミズムとトランスヒューマニズムは同じだ、後者は前者の現代版ないし後継だと論じる向きがある。だが二つの思想には大きな違いがある。たしかにロシア・コスミズムは、人間が備えた理性をさらに発展させるため、科学・技術を動員して身体の改変に踏み切ることを求めた。だがそれだけでなく、地球の生命圏を理性に導かれた方向に開発し「精神圏」に変容させるとともに、さらに理性の能力を全面的に発揮させる場として、宇宙への進出を必然の未来だと想定していた。そのなかで、先にみたように、人類が宇宙に出て新たな種に変わる進化を認めていたのである。だがトランスヒューマニズムは、地球上でのより安全で快適な生存が究極の目標で、人類の「宇宙への進化」はもちろん、「宇宙での進化」も想定していない。それは地上で「人間」の限界と範疇を広げようとする思想であって、宇宙で人間でない存在に変わることを認める思想ではないとみることができる。その点でトランスヒューマニズムは、ロシア・コスミズムとはまったく志が異なるのである。

以上のように、トランスヒューマニズムは、その主張の外見はともすると狂信的な反人間主義にみえるが、実態をよくみれば、いままで人間性が認められてこなかった存在や、技術を用いて改変された存在にも人間性を認めようというのだから、ヒューマニズムの否定ではなく、その徹底だとみなすことができる。にもかかわらずトランスヒューマニズムを危険視する向きがあるのは、その人間性の拡張＝トランスヒューマン化を、科学・技術を際限なく進展させて成し遂げようとするからである。それでは人間を機能向上のための装置ないし道具におとしめてしまうことになる、と批判されるのだ。たしかにそういう面はあるだろう。

だがいちばん重要なのは、そうしたトランスヒューマン化を、何のために求めるかということだ。「トランスヒューマニズム」という造語にハックスレーが込めていたのは、現実の人間のありようを超えないと、みながその能力を十分に開花させて平和で健康に暮らせる社会はけっして実現しないという、ラディカルな文明批判だった。この批判はいまでも強烈に通用する。人間を超えるという意味をそう捉えるなら、私たちはぜひともトランスヒューマンにならないといけない。紛争と暴力の連鎖、資源の浪費と環境の破壊、経済格差の増大などなど、現実の人間のやっていること（ロシア・コスミズムなら非理性的状態というだろう）を超えなければいけないということだ。宇宙への進化という人類の未来の想定も、その意味でのトランスヒューマンへの道の一つとして考えてみたいものだ。それは生物としての人類の進化というより、人類文明の進化と考えたほうがいいかもしれない。この点は、第5章であらためて論じることにしよう。

異形への改変は許されないか

話を、宇宙に進出するために人間が人間でないものに進化することを認めるか否かという議論に戻そう。宇宙への進化のありようを考えてみると、二つの極端な方向が想像できる。一つは、第2章でふれた、宇宙での活動に適した流線型の体と触手を備えたイカのような、人間の姿形をまったくとどめない新種の生命体に人間を変えてしまうという方向である。

この方向を想定した思考実験で考えたい問題は、二つある。一つは、そうまでして宇宙に出て行くべきか、そうまでして宇宙に出たいという人が出てきたら、それを認めるのか、あるいは許さずに止めるか、という問題。もう一つは、異形の存在はもはや人間ではないのか、では人間とは何か、という問題である。

一つ目の問題の前段、そうまでして宇宙に出るべきか、といえば、人間の姿形をとどめたままでできる範囲で宇宙進出を行うという選択肢のほうが、常識的な線ではある。あとで述べるようにクラークは作中で、いまの人間のままで進出できるのは太陽系内までがせいぜいだと挑発しているが、それで十分だと考える人のほうが将来もずっと多いかもしれない。

だが、そこで問題は終わらない。異形の姿に自らを改変してまで遠い宇宙に出て行きたいという人が、ごく少数でも出てきたら、どう対応すべきだろうか。イカのような異形への人間の改変を描いたSFアニメ『翠星のガルガンティア』では、まさにそうまでして宇宙に出て行くことを認めるかどうかで、改変推進派と反対派が激論した末に、両陣営の間で戦火まで交わされる事態になった。作品ではその議論のくわしい内容は描かれない。人間の異形への改変は倫理的に許されないというのが反対派の主張だと語られるだけだ。

ではは人間の異形への改変は、どんな倫理に反するのだろうか。なぜ許されないのだろうか。

先にみたトランスヒューマニスト権利章典は、「形態の自由」の権利を謳っていた。この権利を認めるなら、イカに変わろうとタコに変わろうと自由だということになる。同権利章典が唯一この自由権に制約を加えるのは、「他者に害を加えない限り」という一点だが、これはトランスヒューマニズムに限らず、いわゆるリベラリズム倫理が、至高とする個人の自由のほぼ唯一の制約として掲げる規範でもある。この規範に沿って考えれば、宇宙に行くには格好の姿だからと自らを巨大イカに変えようとする人が出てきたら(そんなことができるかどうかは措いて)、その人はほかの誰かに害を加えることになるだろうか。誰にも何の害にもならないではないか、だから認めない根拠はない、とする議論は可能だ。ただそういってしまえば、どんな先端医療でも生命工学でもほぼすべてなんでもありになる。原子力の利用がもたらす放射能汚染のような具体的でわかりやすい害は、この方面ではほとんど見つからないからだ。愛する人がイカになって宇宙に飛んで行ってしまったら、近親や恋人が悲しむだろう、喪失感や止められなかった無力感で傷つき自殺してしまうかもしれない、だから害はある、という議論を持ち出せば、情緒的な共感は得られるかもしれないが、そのような改変行為を禁止する法的根拠にまではできないだろう。

だが生命倫理には、他者への実害だけを自由ないし権利の制約条件とするのとは違う考え方もある。ある行為が、人権の源である人間の尊厳を侵すならば、それは許されないとする考え方がその最も代表的なものだ。

この考え方に基づき、実害はなくても、人間の尊厳を侵す行為だから許されないとされた典型的な例が、クローン人間の産生だ。一九九七年、それまでできないとされてきた哺乳類のクローンづくりに成功したとの研究が発表された。クローン羊ドリーの誕生である。これに対して、クローン技術の人間への応用は絶対認めないと国際世論が沸騰したとき、その倫理的根拠とされたのが、人間の尊厳を侵害するから許されないという論だった。日本でクローン人間禁止を定めた法律の第一条も、この論を採用している。当時、リベラリズム倫理を標榜する学者のなかには、クローン人間をつくっても誰にも害は与えないから、禁止する根拠はないと論じる向きもあった。これに対しクローン人間禁止派は、人間は遺伝子の自然な混交で一回きりの個人として生まれるものであるのに、クローン操作によって、生まれる前に遺伝形質全体を決められてしまうのは、かけがえのない個人という人間の尊厳の基盤を崩してしまう、だから許されない、とした。クローン技術はまだ実験段階で安全性が確立されておらず、生命と健康に及ぼす危険が高いから許されない、という禁止論もあったが、では技術的に安全といえるようになったらやってもいいのかという反論には、うまく答えられなかった。だから、人間の尊厳侵害論は、クローン人間禁止の、ほぼ唯一の倫理的根拠だった。この根拠に基づいて、日本も含めた多くの国で、クローン人間をつくることは禁止された。

では、異形・異種への改変は、人間の尊厳を侵害するから許されない、といえるだろうか。クローン人間禁止の論拠を参考にするなら、遺伝形質に操作を加えて、これから生まれてくる人間を、あらかじめ宇宙に適応できるような特定の姿に変えてしまうことは人間の尊厳に反する、という議論はできるだろう。とくに、生まれてくるほうからしたら、そうした異形への改変を拒む機会が与えられないから、倫理的に大きな問題になる。

これは、すでに地上で問題になっている、いわゆるデザイナー・ベイビーの是非と似た議論になる。生まれる前に、受精卵の段階で、疾患や障害の原因になる遺伝的素因をすべて排除するだけでなく、好みの性質を与え身体能力や知的能力を高める遺伝子操作も加えて世に送り出そうというのが、デザイナー・ベイビーだ。これに対しては、親が子に幸福に生きられる条件を与えてやるのは当然の権利だ、という支持論があるが、大勢としては反対論が強い。ただそこでは、遺伝形質をあらかじめ決められてしまうのは、人間の尊厳に反することだという論よりも、優れた形質の者だけを生まれさせるのは優生思想だ、障害者の排除と差別だ、という論のほうが有力だ。

いまの地上での生活への適応度を高めた人間だけを人為的に選んでつくるのが優生思想だとして許されないとするなら、宇宙環境への適応度を高めた存在を人為的につくり出すのも、優生思想で許されないということになるだろうか。何が「優生」かは、進化論的にいえば、どんな環境に適応しなければいけないかで具体的な中身は変わる。たとえば、いまの社会では数的データの処理能力が高い者が「優生」かもしれないが、近代以前の農業社会あるいは狩猟採集社会では、それはただの頭でっかちの「劣生」だとみなされたかもしれない。だから、宇宙進出に高い優先順位を与える社会にならなければ、つまり宇宙に適応した者を選良だとみなす社会にならなければ、生まれてくる子孫に宇宙環境への適応度が高い特異な形質を選んで与えることは、優生思想だとして非難されることはないと考えられる。

優生思想かどうかとは関係なく、異形への改変それ自体が人間の尊厳に反するというのだとしたら、人間とは姿形で決まる存在だということになる。トランスヒューマニスト権利章典は、「遺伝的に改変された人間も含めた、その他の知的生命体」を、人間と同等の権利を持つ主体と認めるよう求めている。自分をどんな姿形に変えてもよい自由と権利も認めている。だからトランスヒューマニズムは（少なくとも米国トランスヒューマニスト党は）、尊厳を持ち権利の主体と認められる「人間」を、姿形で決まる存在とは考えていないといえると思うのだが、この考え方は、多くの人びとの支持を得られるだろうか。先天的または後天的な形態上の異常のある人への差別を否定するのに、人間は姿形ではないとよくいうが、それはあくまで、いまの種としての人類の形の、一部が変形している程度の範囲内だけのことなのかもしれない。それでも、人間は外見よりも内面が重要だ、だいじなのは心だといえるだろうか。では人間の心を持っていれば、形がイカでも、人間性を備えた存在だと受け入れる余地があるだろうか。

異形の体に変わって宇宙の環境に適応していくなかで、その存在は人間とはまったく異質の思考、世界観や価値観を持つようになるかもしれない。そうなったら、それはもう完全に人間ではないと断言できるのかもしれない。必ずそうなるかどうかはわからないが、人間と異なる精神を持つ存在に変えてしまう恐れが大きいという理由で、異形への改変は、人間の尊厳に反するとして禁止するべきだろうか。そうすべきなのだとしたら、やはり人間は内面がだいじだということになる。

肉体を捨てて精神だけの存在へ？

姿形より内面が重要だというと、宇宙への進化のもう一つの極端な姿が視野に入ってくる。それは、肉体を捨てて、精神だけで生きる知的生命に進化するという方向である。この、精神だけの存在（への変容）もまた、ＳＦ作品がくり返し描いてきたテーマの一つである。精神エネルギー（？）だけでできた生命体なら、物理的制約を超えて、自由に宇宙を飛び回れるだろうという発想がそこにはある。

先にふれた、クラークがＳＦ作品で描いた人類の宇宙への進化も、そうした精神存在への変容だった。このジャンルの古典『幼年期の終わり』（一九五三年）で、クラークは、宇宙で生きる存在として、物質の束縛から解き放たれた、無数の種族の精神を束ね統べる超精神的存在を登場させた。人類は、高度な文明を備えた異星人の助けを借りて進化の見習い期間を終え、物質の最後の残りを脱ぎ去って、この精神存在への変容を遂げ、宇宙に進出していく。クラークはこの作品のなかで、人類がその姿のままで進出できるのは太陽系までで、精神存在への進化を遂げなければ、その先の宇宙を制する日は来ないと、人類の最後の進化を見守る異種族の一人に言わせている。最後の、というのは、精神存在への変容によって、人類は存在しなくなるからだ。一人ひとりの精神はすべて個性を失って、宇宙に生きる「精神を統べる精神」に統合される。一方、その変容を果たせなかった人間たちとほかの生きものは地球とともに、精神存在への変容のために「原子の最後の一粒まで」吸い尽くされてしまう。まさに究極の宇宙への進化のイメージがそこにある。

一人ひとりの個性だけでなく、いのちの故郷である地球まで失って統合精神体のなかに吸収されてしまうというクラークのヴィジョンは、宇宙への進化の未来像としてあまりに過激で、受け入れるにはかなり抵抗がある。だが、個々の人間が各々肉体を捨てた精神存在になる、というだけなら、完全に人間でないものへの進化とみなさなくてもよく、ずっと受け入れやすいかもしれない。人間の本質が高次精神機能ないし知性にあるのだとすれば、精神だけの存在への変容は、人間の本質の純化であると捉えることもできるからだ。ただ第3章で紹介した松田の人工知能論がいうように、知性とは身体を介して環境と相互作用し関係を結ぶ能力であるとするならば、精神だけの存在は知性として成り立たないかもしれない。しかし、精神存在でも外界を認識しそれに働きかけることができると想定するならば、知性は成り立ち、人間性は失われないと考えることもできるだろう。

そうした人間の精神存在への進化の一種を描いたのが、ＳＦアニメ映画『楽園追放』（二〇一四年）である。この作品で人類は、荒廃させてしまった地球を逃れ、遺伝形質と人格を電子データにして、月と地球の間にあるラグランジュ点の一つ（二つの天体の重力が拮抗していて、そこにある物体は安定し不動でいられる位置）に浮かぶ人工衛星の中の電子媒体に移し、そこに設けられた仮想空間のなかで生きている。仮想空間では、個々の遺伝形質と割り振られた電脳リソースの範囲内で、各人が好みの人間の姿形をしたアヴァターとなって、仮想空間に設けられた環境（海辺のリゾート風景などが出てくる）で、ほかの人たちや事物に触れ、相互作用を行って生きている。つまり各人が仮想の身体性を与えられ、その限りで人間性を保持した精神存在になっているのだ。トランスヒューマニストも、こうした人格の電脳世界へのアップロードを、来るべき未来の技術として推奨している。基盤にするコンピューターの処理能力を高めれば、そこに電脳として収まった人間の知的能力を、自然の制約を超えて高めることができるからだ。

電脳化により人間を肉体から解放された存在にすることができれば、たくさんの人びとの精神を収容できる電子媒体を乗せた宇宙船を仕立てて、物理的・時間的制約からかなり自由に、何百年もかけて深宇宙を探索できるし、よその天体への「移住」も容易になるはずだ。しかし『楽園追放』では、肉体の制約から解放され地球を出た人類は、不動の人工衛星での快適な電脳空間生活に安住して満足してしまい、それ以上先の宇宙に出る意欲を失っていた。電脳深宇宙探査船への乗り組みの呼びかけに対し、応じる者は一人もいなかったのだ。第2章で、不老長寿の獲得は必ずしも宇宙進出に有利とはいえない、かえって宇宙に出て行く意欲を失わせる恐れがある、と論じた。電脳化されまさに不老不死となった人類は、電子の楽園の快適さから出ようとしなくなるというのも、大いにありうることだ。それでは宇宙への進化ではなく、ゆりかごから別のゆりかごに移るだけの退行になってしまう。

いや、退行けっこう、病気も飢餓もなく、不老不死でいられる楽園は人類の長年の夢だから、それが実現できるなら電脳空間への引きこもりでもいいではないか、という考え方もあるだろう。だが、せっかく肉体から解放されたのだから、自由に宇宙を飛び回れるようになりたいという選択をする者が、まったく一人も出てこないというのは、ちょっと人間性を過小評価した見方ではないだろうか。どんな楽園でも、安住に満足できず、それに背を向けて出て行こうとする者は出てくる。それが人間というものではないかと、私は思う。

物質、生命と精神の関係の解明――現代科学の究極の課題

宇宙環境への適応度が高くなるだろうという理由で、肉体を離れた精神だけの存在への進化を考えるのは、多分にご都合主義的な空想かもしれない。だが、精神存在への進化（がありうるかどうか）を考えることは、精神とは何か、それはどのようにして成り立っているのかという、現代科学の究極の課題の一つについて考えることにつながる。

第２章でも述べたように、二〇世紀後半、生命現象を分子レベルで調べることができるようになって、物質の相互作用で生命の成り立ちと働きを説明できるようになった。物理現象と生命現象は連続していて、その間に断絶はないことが明らかにできたのである。これは科学の大

きな前進だった。この成果をふまえて、日本の分子生物学の草分けの一人だった渡辺格《いたる》は、すでに一九七〇年代に、次に科学が明らかにしなければならないのは、生命からいかに精神が生じるか、生命現象と精神現象の間の断絶をいかにして埋めることができるかだと見通していた。いいかえれば、心と体の関係を解明するということだ。それは、地球上での生命の進化において、どのようにして精神を持つ生物である人類が生まれたのかを明らかにすることにもなる。物質、生命と精神の関係の解明が進めば、肉体を離れた精神だけの存在への進化がありうるかどうかも、科学的に真剣に論じることができるようになるだろう。

ただ残念ながら、どうすれば精神の成り立ちを科学的に解明できるか、見通しはまだ立っていない。物質と生命の関係を明らかにした分子生物学の手法は、それだけでは人間の精神を解明することはできないだろう。分子レベルに遡るのではなく、そこから立ち上がる生命現象の、さらにその先に、どうやって精神現象が立ち上がってくるかをつきとめなければならないからだ。

精神現象は、脳の活動から生じると考えられている。だから脳科学に期待が集まり、西暦二〇〇〇年前後に、「脳の一〇年」などと銘打った科学研究予算が欧米や日本で盛んに組まれた。だが精神の成り立ちの解明という点ではなかなか成果が上がらず、今日に至っている。

生きた体のなかで脳がどのように活動しているか、分子の状態から血流の変化を測るなどの方法で画像にして可視化する技術が一九八〇年代以降に実用化され普及して、脳科学は急速に進んだといわれる。そうした技術のなかで最もよく使われるのが機能的磁気共鳴画像（ｆＭＲＩ）だが、研究が進むにつれ、限界も明らかになった。ｆＭＲＩは、脳の働きの元である神経細胞の電気生理的活動を測定しているのではなく、血流量の相対的な変化から間接的にその活動を推定しているだけである。さらに計測データを画像処理する単位は数ミリメートル四方の画素で、図示される活動部位は、数十から数百の画素からなる数センチメートル四方の範囲である。そこには数十万から数百万の神経細胞が含まれる。その神経細胞群を走る電位と伝達物質の総和が、脳のなかで実際に起きている活動の正体だが、そこでどのようなメカニズムでどのようなことが起こっているのかは、画像からではわからない。ただ近年、ｆＭＲＩの膨大な画像データを処理して、たとえばいま見ているものの形を脳内の活動部位のパターンから推定する研究が行われている。まだ輪郭のはっきりしない、ぼやけた形を浮かび上がらせる程度だが、この研究を進めれば、いまどんな感情を抱いているか、何を考えているかまで画像から推定できるようになる（「マインドリーディング」）と期待する向きもある。この方向での研究が高度に進んで成果があがれば、脳をスキャンして精神を電脳空間にアップロードすることもできるようになるかもしれない。

画像研究の限界を超え、脳の解明をさらに先に進める方法として、特定の神経細胞群の電気的活動を、脳に数百本の微小電極を束にした装置を植え込んで計測する研究が行われている。また、神経細胞に光応答性タンパク質を発現させる遺伝子を組み込み、光をあてて特定の神経細胞を働かせたり止めたりすることで、特定の脳の機能と神経細胞のネットワークを関連づける研究も行われている。だがそれらの研究方法は生きた脳に深い侵襲や操作を加えるものなので、動物実験が主で、人間を対象にどんどんできるものではない。

人間の脳を対象にしなければ精神の解明はできない。そこで、実験室での操作ではなく、臨床の場で行われる診断や治療を脳の活動の解明にも役立てようとする研究もある。たとえば、強迫性障害という精神疾患を、脳の深部に微小電極を埋め込んで特定の神経回路を電気刺激することで治療しようとする試みが行われている(Deep Brain Stimulation, DBS)。強迫性障害とは、手が汚いとか、家の鍵をしめていないのではないかといった強迫観念を抱いて、何時間も手を洗い続けたり、何度も家に戻って確かめ続けることが昂じて外出できなくなったりする精神疾患である。こうした精神疾患の患者にDBS治療をすることを通して、電極を埋め込む部位と臨床効果(清潔かどうか気になる度合いが減る、など)の関係をつき合わせていけば、特定の精神機能と脳内の特定の神経回路のつながりが解明できると期待されている。ただDBSも精神疾患の患者の脳に侵襲を加える試験段階の技術なので、世界中でも症例数はまだ三〇〇例程度とごく少なく、研究は治療の範囲内でしか許されないという限界はある。

このように、人間の脳の働きを科学的に解明するには、技術的にも倫理的にもかなりハードルが高い。生命現象と精神現象の断絶を埋める決定的な結果につながる見通しは立たないまま積み重ねられている研究をみていると、残念ながら隔靴搔痒の感が否めない。

生物学的なメカニズムの研究だけでなく、情報理論から精神のモデル化を試みる研究も行われている。脳のなかで膨大な情報が処理され統合されるなかから意識ないし精神が生じる、という考え方はわかるが、ではそれをどう科学的に実証できるかというと、まだとても心もとない。精神の解明は、宇宙への進化と同じくらい遠い夢なのかもしれない。

だが、ここまで本章で試みてきた、人間の異形への、あるいは精神だけの存在への変容を想定する思考実験は、人間でない存在について考える訓練にもなる。それは、宇宙に出て行って、人間でないものに出会う事態が起こったらどうするかを考えておくための、予行演習ないしイメージトレーニングになる。宇宙進出を考えるなら、エイリアンと出会ったらどうするか想定しておくことも欠かせないだろう。この問題について、次の章でさらに思考実験を進めてみよう。

第5章

エイリアンと出会ったらどうする?

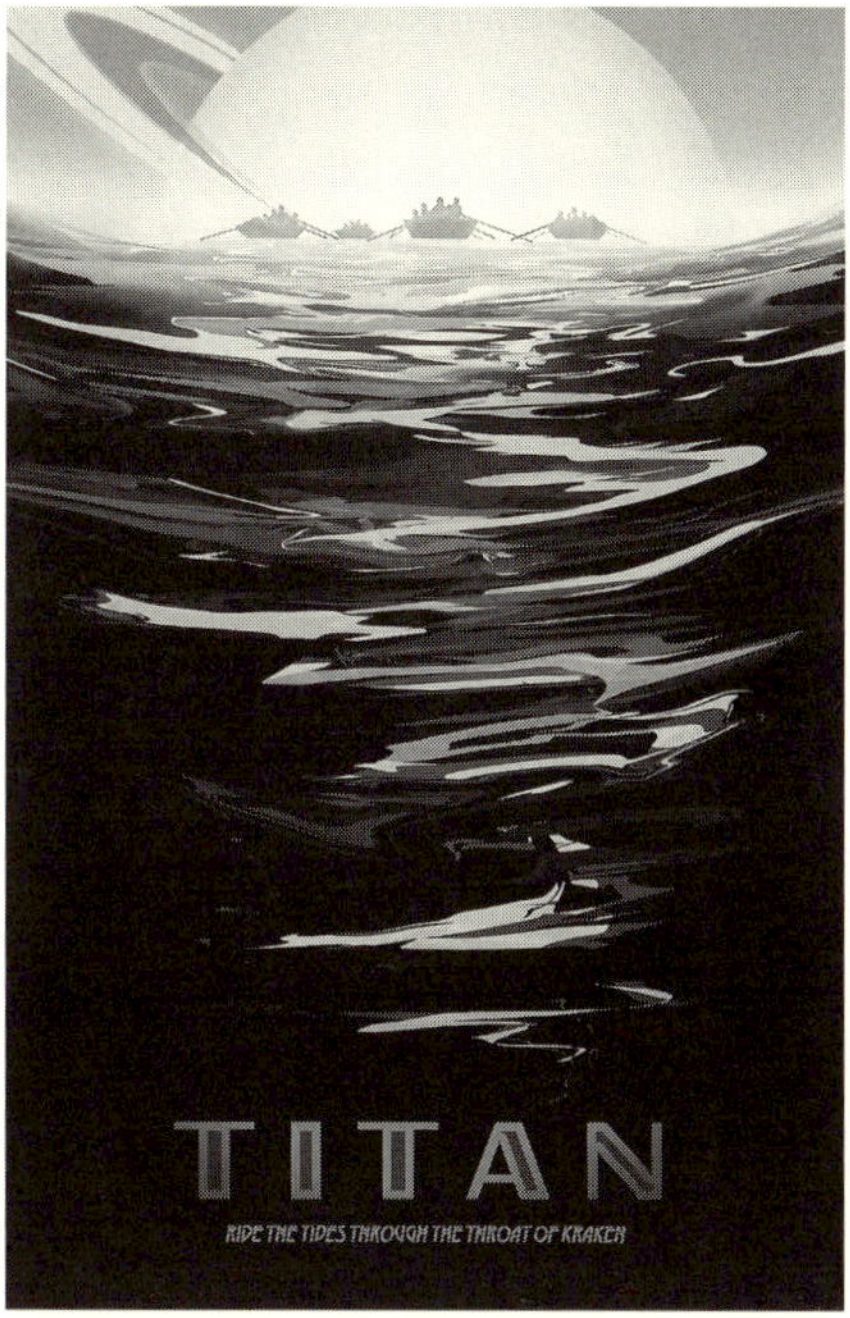

日本政府はUFO対策をしていない

二〇一八年二月末、日本国政府は、「地球外から飛来してきたと思われる未確認飛行物体」の存在を確認したことはなく、そうした物体が日本に飛来した場合の対応について、特段の検討を行っていないとの答弁書を閣議決定した。要するにエイリアンがUFOに乗ってやって来たらどうするか、日本政府は全然考えていません、ということだ。

何をB級SF映画みたいなことを、といぶかる向きもあるかもしれないが、これはフェイクニュースの類いではなく、れっきとした事実だ。この答弁書は、野党国会議員の質問主意書に対して出された、政府の公式見解なのである。なぜこんな見解が出されなければならなかったのだろうか。

この政府答弁を引き出した質問主意書は、米国国防総省が、軍のUFO目撃情報に基づき、地球外生命を調査する極秘のプロジェクトを行っていたとのニューズウィーク誌の報道を引きながら、おおよそ次の三点を政府に問い質したものだった。

- 地球外から飛来してきたと思われる飛行物体が日本の領空に侵入した場合、どの政府機関が対処し、どのような法令に基づいて排除するのか。
- 安全保障関連法制で、日本が武力による自衛行動をとれる条件として定められた「武力攻撃事態」には、地球外から飛来してきたと思われる飛行物体による攻撃を受けた場合も含まれるのか。

• 同じく安保関連法制で、密接な関係にある他国が攻撃を受けた場合にその国と協力して日本が武力行使をする、いわゆる集団的自衛権を発動できる条件として定められた「存立危機事態」には、日本の施政下やその周辺で、米軍が地球外から飛来してきたと思われる飛行物体による攻撃を受けた場合も含まれるのか。

つまり質問の趣旨は、日本が武力行使できる条件として定められた安保法制の条項は、よその国またはそれに準じる組織からの攻撃だけでなく、地球外からの攻撃があった場合にも適用されるのか、という点にあった。同法制は、日本を際限のない戦争状態に引きずり込む危険な違憲の法律ではないかと懸念され、批判されている。この質問は、そうした立法を行った安倍晋三政権の国防政策に対する批判の一環として出されたのだと考えられる。軍事大国米国が日本周辺でエイリアンと交戦状態に入ったら、法に基づき日本も参戦するのか、そのような事態に対する準備を政府はしているのか、というわけだ。

それに対し政府は、エイリアンとの交戦は安保法制で想定されているのかいないのかという質問には答えず、そんなことまったく検討していません、とそっけない答えを返しただけだった。多くの国民が不安と懸念を抱く安保法制を制定し施行した政府としては、この答弁はちょっと無責任なのではないか。一国の安全を預かる政府の危機管理は、最悪事態原則と予防原則に基づいて決め、実行しなければいけない。エイリアンからの攻撃なんてありえないかもしれないが、その可能性がゼロでないなら、最悪の場合もしそういう事態が起こったらどうするか、そういう事態を防ぐにはどのような対策をとればいいか(報道にあった地球外生命の調査とはその例だろう)、検討しておく必要はないとはいえない。

そしてこの問題は、一国の安全保障政策にとどまらず、宇宙進出を想定した人類の未来において、考えておかなければならないだいじな課題を示すものでもある。

地球外知的生命はいるのか、いないのか

たしかに、これまで多くの科学者が、宇宙にほかの知的生命がいることを示す証拠がないか探してきたが、まったく見つかっていない。だが、それは地球外知的生命など存在しないということなのか、それともまだ見つけられていないだけなのか、科学者や識者の間では意見が分かれている。

物理学者のスティーヴン・ウェッブは、この問題に対して出されたさまざまな論を紹介した本で、それらを大きく三つに分類している。地球外知的生命は、(1)存在していてじつはもう地球に来ている、(2)存在するがまだ連絡がない・連絡を受けとれていない、(3)存在しない、の三つだ。ウェッブは代表的な四九通りの論をくわしく検討しているが、その多くが科学者出身のSF作家によるものであるのは興味深い。第1章でみたように、ロケットの原理を世界で

初めて科学的に定式化したツィオルコフスキーも、宇宙への進出をまずSF作品で描いてみせた。それと同じように、地球外知的生命の存在について考えるにも、観測事実によるだけでなく、想像力を働かせる必要があることはまちがいない。

いずれの論でも一つの基礎になるのは、私たち地球人類以外にも宇宙に知的生命が生まれている可能性はどれくらいあるのかを予想する理論計算式だ。初めてそれを定式化してみせた電波天文学者フランク・ドレイクにちなんで、ドレイクの公式と呼ばれている有名な式によると、私たちが属する銀河系内にほかの知的生命が存在し、交信によりその存在を知ることができる確率は、次の七つの因子によって計算される。

1　銀河系内で一年間に恒星が生まれる率
2　惑星を持つ恒星の割合
3　その惑星系内で生命に適した環境を備える惑星の数
4　その惑星で生命が発生する確率
5　その生命が知的生命にまで進化する確率
6　その知的生命がほかの星に通信できる技術文明を発達させる確率
7　その文明が持続する年数

このうち、1から3までは、天文学や惑星科学の観測と研究から、ある程度推定値が出せる。4は、ほぼ1（つまり適した環境があれば生命は生まれる）と考える専門家が多いようだ。問題はそのあとで、5～7は科学的な推定はまったくできない。それぞれの論者が希望的観測も含めて適当に決めるしかない。代表的な四九の論を検討したウェッブは、五〇番目として自身の結論を出している。彼の推定では、銀河系の中に多細胞生物まで生み出しうる惑星は一〇〇万個くらいありそうだが、そこから、道具を使用し、抽象的思考を行い、言語を発達させた知的生命が進化しうる確率は、ほぼゼロだという。つまりウェッブは、地球外知的生命は存在しないと考えているのだ。生物学者の長沼毅と惑星科学者の井田茂のコンビも、ウェッブと同じように、生命までは生まれても、それが知性を獲得して地球と交信できるほどの（あるいは地球に来られるほどの）文明を築ける確率は限りなく小さいとしている。だから私たちは、宇宙に懸命に目を凝らし耳を傾けても、地球外知的生命が存在する証拠を見つけられないでいるというのだ。

私は、この悲観的結論に少し抵抗したい。地球外知的生命が存在する確率は、限りなく小さくてもゼロではない。少なくとも、ゼロだという確実な科学的証拠はない。これまで地球外知的生命と一切連絡が取れていないのは、先のリストの因子7、宇宙に発信できる文明の持続期間の問題が大きいのではないか。文明が発達し存続している時期がちょうどうまく重なってこの宇宙に存在しなければ、私たちはほかの知的生命と出会えないのだ。もちろん、私たちが技術文明を達成する前に滅びた文明でも、交信や星間航行をした痕跡は見つかるはずだという反論はある。だがその痕跡はまだ地球に届いていないと考えることもできるはずだ。

何度も引き合いに出してきたＳＦ作家のアシモフも、人類が銀河系全体に進出して生きる未来史を描いた作品において、ほかの知的生命はまったく登場させなかった。そのためアシモフはエイリアンを書かない作家だと思われていたのだが、自分に対するその「固定観念、偏見」に逆らうために、彼はとうとうエイリアンが登場する作品を書いてみせた。しかしそれはこの宇宙ではなく、並行する別の宇宙の一つにいるという設定だった（『神々自身』一九七二年）。アシモフの銀河系には、あくまで人類以外の知的生命は存在しないのだ。だが晩年になって彼は、銀河系の外にはほかの知的生命がいるかもしれないという設定を描き、それに対処するための準備を登場人物に行わせてみせた（『ファウンデーションと地球』一九八六年）。ドレイクの公式も、基本設定は私たちの銀河系の中ということになっている（先に挙げた因子1）。銀河系の外にまで視野を広げれば、私たちは孤独ではない確率がもう少し高くなるかもしれない。

どのような備えが必要か、国際宇宙法から考える

私たち地球人類以外にこの宇宙に知的生命が存在するかどうか、たしかなことはわからない。だが、宇宙に進出する未来を選ぶなら、たとえその可能性は限りなくゼロに近いとしても、もしそのような存在に出会ったらどうするか、まったく考えないでいるのは知的怠慢であり、危険でもある。準備なしにまずい対応をしたら、取り返しのつかないことになるかもしれないからだ。本章冒頭でみた質問主意書でもわかるように、地球にじっとしているだけの現状でも、エイリアンへの備えは政策課題になる。宇宙に出て行くとなれば、ほかの存在に遭遇する確率

は、いまよりは上がるだろう。

ではは地球外知的生命に出会ったら、どのような考え方に基づいて、どのような対応をしたらいいだろうか。ここではそれを考えるための手がかりとして、国際法の一分野である宇宙法を取り上げてみたい。

国際宇宙法は、人類の宇宙活動に関し、地球上の国家が自ら、および他国に対して、守るべき行動規範を定めている。つまり宇宙でのふるまい方について原則とすべきルールが示されているので、地球外知的生命に対する行動規範を考える参考にもできるだろう。

国際宇宙法がつくられたのは、米ソの宇宙開発が進み、月へ行くアポロ計画が着々と実行されていた、一九六〇年代後半から七〇年代半ばにかけてのことだった。それは国際連合において制定された、次の諸条約・協定から成る。

1　宇宙活動の原則を定めた「宇宙条約」(一九六七年発効)

2　各細則を定めた関連の条約・協定

- 宇宙救助返還協定(一九六八年発効)
- 宇宙損害責任条約(一九七二年発効)
- 宇宙物体登録条約(一九七六年発効)

このほか、月とその他の天体における活動の細則を定めた「月協定」も一九七九年に制定され一九八四年に発効しているが、締結した国がきわめて少なく、その多くが宇宙開発をしていない国なので、実効性はほとんどないとみなされている（二〇一八年一月時点で、月協定の批准または加入国は一八カ国、未批准の署名国が四カ国。そのうち宇宙活動をしている主な国は、批准・加入国ではオランダ・ベルギー・オーストリアとカザフスタン、署名国ではフランスとインドくらいである。ちなみに日本は宇宙条約と三つの関連条約・協定をすべて批准しているが、月協定は署名もしていない）。

宇宙条約は、「月その他の天体を含む宇宙空間」を「全人類の活動領域」とし、そこでの活動は、次の四つの原則に従わなければならないと定めている。

- 活動の自由と平等（機会均等、門戸開放）
- 領有禁止
- 平和利用
- 国家への責任集中

ここで考えたいのは、活動の自由・平等と領有禁止の原則が示す宇宙空間の法的地位の問題と、平和利用原則が示す宇宙での軍事と非軍事の仕分けの問題である。以下、順にみていこう。

宇宙はどこまで人類のものか？

宇宙条約では、月その他の天体を含む宇宙空間は、どの国も領有することができない特別の領域とされている。一般の国際法では、無主の地は、いちばん先に占有した国が領有権（先占権）を主張できるが、宇宙ではそれは認めないとしたのである。米国は月に真っ先に人を送り込んで国旗を立てたが、領有権は認められていない。今後、たとえば中国が月に人を送り込んでも、領有権は部分的にも一切認められない。軍事施設をつくることも許されない（後述）。南沙諸島のようにはできないのだ。

よその天体も含め宇宙はどの国の領土にもできないというこの規範は、宇宙を地上のすべての国に開かれた空間だとする平等主義を掲げているわけだが、それは見方を変えれば、宇宙は地球のすべての国のもの、つまり人類のものだと主張していることになる。先にふれたように、宇宙条約は第一条で、月その他の天体を含む宇宙空間は「全人類の活動領域 province of all mankind」であると定めている。これは、宇宙は地球人類の「領土」だといっているとみることもできるのである。

では、宇宙空間のどこまでが、どの天体までが、地球人類の「領域」なのだろうか。国際宇宙法に関するこれまでの議論では、「宇宙空間 outer space」の範囲について条約に定義がないことが問題にされてきた。だがそれは国家主権が及ぶ「領空 air space」との境目を確定するべきだという、宇宙空間の「下限」についての議論で、宇宙のどこまでが人類のものかという「上限」の議論はなされていないようだ。これは、地球外知的生命の存在を前提にした「宙際」関係を考えると、大きな欠落だといわざるをえない。地球人類はどこまでの宇宙空間を自分たちの「活動領域」だと主張できるのか、宇宙に進出する未来を想定するなら、考えておく必要がある。

この問題を考えるには、まず大前提として、地球人類を代表して宇宙での活動権を主張できる主体が必要だ。地球のすべての国家を代表できるのは、現状では国際連合だけである。国連は国際宇宙法を制定した責任主体だから、条約がいう「全人類の活動領域」の範囲を確定する義務(と権利)がある。だが現実には国連は地上の諸国家の権益を調整する場にすぎない、というのであれば、宇宙空間を自分たちの領域だと主張するには、地球人類全体を代表できる政治実体、つまり地球政府をつくるのが先決だということになる。この問題は、あとでもう少しくわしく考えてみよう。

宇宙条約は、月その他の天体に関し、先に旗を立てても領有権(先占権)は認めないとしている。この原則は地球外知的生命に対しても適用できるだろうか。たとえば異星人に先に火星に乗り込まれて領有権を主張されたら、それはなしですといえるだろうか。そういうのであれば、地球外知的生命と結ぶべき新たな宇宙条約では、「無主の天体を含む宇宙空間は、全知的種族の活動領域である」とでも定めなければいけないだろう。相手がそれに同意してくれるか、そもそも交渉のテーブルについてくれるか、心もとないところではある。だが少なくとも、太陽系の住人(先住民？)である私たち地球人類はそう取り決めてきたので、郷に入りては郷に従えで、あなたたちも同意してくださいと主張することはできる。国際法は先例主義で、いままでの実績がものをいう世界だから、そうしていいのである。

宇宙条約が宇宙活動の自由と平等、機会均等・門戸開放の原則を定めたのは、限られた国だけが宇宙活動を進め、そのほかの国がそこに参加できない事態になることを防ぐためである。つまり地球での先進国と発展途上国の間の不平等を広げないようにという、南北問題に配慮した規範なのだ。だからそれは、私たちより先進的な地球外知的生命との間でも、守ってもらいたい規範になる。宇宙に出て行くなら、ここは全部おれたちのものだという意識を捨てないと、相手にも同じことを主張され、かえってこちらが不利な目にあう事態が予想できるということだ。宇宙条約の平等原則は、地上の国際関係だけでなく、宇宙規模の宙際関係の規範にもするべきだろう。

このように、宇宙空間はみなのものだという平等原則は、ほかの知的種族の存在を想定した宙際規範に拡張する必要がある。そのうえで、次に、その宇宙空間の「下限」を、領空との境目という観点とは違う、別の観点から決めなければならない。これについては同じ国際法でも、宇宙法ではなく、海洋法の考え方が先例として参考になる。つまり、宇宙の海はみなの活動領域だとしても、地球人類が優先的に権利を主張できる部分も決めておく必要があるということで、それには国際海洋法で定める、領海／排他的経済水域／公海という区分からの類推が可能だ。地球人類が独立して生存するための主権が及ぶ空間として、まず領宙を設定する。たとえば地球・月系を地球人類の領宙と考えよう。次に、ほかから侵害されず独占的に管轄し利用する権利を行使できる「排他的経済宙域」を考えてみる。たとえば火星と木星の間にある小惑星帯くらいまでを、この排他的経済宙域と主張すべきだろうか。そしてこの二つの宙域の外が、みなのものといえる「公宙」となる。

この区分は、実際にそこまで進出し管理活動を行えるかどうかという、特定時点での技術水準によって範囲が左右されるとは考えないほうがいい。それは国際法でいう「国家意思の実現」に相当する、「地球人類の意思の実現」を想定した範囲であって、その想定範囲に基づいて必要な技術水準を達成する努力をする、というのが筋である。つまり人類がどこまでの範囲で本気で宇宙進出を考えるかにかかっているということで、いまの技術ではここまでがせいぜい、という考え方はしないということだ。たとえば太陽系を越えて、系外惑星にまで進出する意思を人類が持ったとすれば、それに合わせて、領宙／排他的経済宙域の範囲も変わってくるだろう。だがそれは、もはや地球人類の領宙ではなく、植民した集団の領宙が新たにできることになると考えるべきかもしれない。

ロシア・コスミズムの系譜に連なる思想家・科学者たちは、全宇宙を理性の活動領域と考えたが、それは第4章でみたように、人類が別の種に進化することも想定した宇宙観だった。人類の一部が宇宙に出て行って新たな種になったら、それは地球に残った人類からみれば、地球外知的生命だということになるだろう。そうなれば、その元人類の地球外知的生命との間で、宇宙のどこまでが誰のものかという「宙際関係」を考えることが必要になる。

別の種になることまでは考えなくとも、地球人類とよその惑星に植民した○○星人類との間で宙際関係が生まれることは、十分想定しておくべきだろう。そこでは、地球上の国家にすべての宇宙活動の責任と管理権を担わせているいまの宇宙法の原則を、根本から見直さなければならない。第1章でみた民間火星移住団体マーズ・ワンの例をみてもわかるように、国家だけが宇宙活動の主体だった時代は、すでに終わりかけている。将来、地球のどの国から出た人類集団でも、異星に植民・定住すれば、独立の政治主体として認めるべきだ。そこで国際宇宙法は、宙際宇宙法に進化するのである。

宇宙での戦争と平和

第3章で、宇宙に連れて行くロボットに武装を与えるかどうかという点にふれた。宇宙に進出する際に、宇宙機や乗員は武装するのかしないのか、するのであればどの程度のものにするのかを考えておくことは、避けて通れない重要な問題だ。それは、宇宙活動の原則をどう決めるかにかかってくる。

国際宇宙法では、月その他の天体を含む宇宙空間での活動は、国連憲章に従い、国際平和と安全を保つために行わなければならないとしている(第三条)。ただ具体的には、宇宙空間については、地球周回軌道上の衛星などに核兵器またはその他の大量破壊兵器を搭載したり配置したりしてはならないとしているだけだ(第四条一項)。これに対し月その他の天体については、平和目的での利用のみを認めるとし、軍事基地・軍事施設の設置、兵器の実験、軍事演習を行うことを禁じている(第四条二項)。だが、個々の宇宙機や乗員の武装は明文では禁じられていない。

月協定ではもう一歩踏み込んで、天体上での武力行使と武力による威嚇その他の敵対行為を禁じているので、間接的に武装を禁じているように読める。しかし先にみたように、この協定を批准または加入した国はほとんどないので、国際規範としてはまだそこまでは認められていないとみるべきである。

宇宙活動は基本的に平和目的で行うという原則は、広く国際社会の合意を得ていると思われる。これまで米国や旧ソ連・ロシアの宇宙機や乗員が武装していたことがあったとは考えられていない。だが軍事用の偵察・情報収集衛星の配置は公然と行われてきたし、大陸間弾道弾や迎撃ミサイルなどの兵器は宇宙空間を経由するので、宇宙空間の利用が完全に非軍事的なものだけではないことも明らかだ。平和目的というのは、非軍事ではなく、非侵略的な活動に限るということだと限定的に解するのが国際社会の大勢である。

日本の宇宙活動の原則も、かつては一九六九年の国会決議に基づき非軍事の平和目的に限るとされてきたが、一九九八年に防衛目的での情報収集衛星の開発と打ち上げが予算化されてからは、事実上非軍事から非侵略の線に転換した。二〇〇八年に成立した宇宙基本法では、宇宙開発利用は「日本国憲法の平和主義の理念にのっとり、行われるものとする」とされたが(第二条)、「我が国の安全保障に資するよう」行うという規定も設けられた(第三条)。宇宙の開発と利用は一切非軍事ではなく、非侵略的活動に限って行うという原則が、明文化されたのだといえる。

このように、宇宙での活動は平和目的で行うという原則は、軍事的活動は一切行わないということではなく、非侵略的な活動に限る、つまり自衛のための武力行使は認めるということだと理解できる。すると、たとえば宇宙条約第五条では、宇宙空間とよその天体において、一国の宇宙飛行士は他国の宇宙飛行士にすべての可能な援助を提供すると定めているが、そこでいう「援助」には、他国の宇宙飛行士が、第三国人か地球外知的生命か、ともかく何者かに武力攻撃を受けたら、彼らを救い守るために武力で反撃することも含まれるのだろうか。さらにいえば、地球人類は、宇宙で他の知的生命に出会って、もし何らかの紛争が生じたら、自衛は許されるが侵略は許されない、という原則で行動すればいいだろうか。

それでいいとすれば、宇宙機や乗員の武装も、自衛の範囲のものに限られるということになるが、相手がどの程度の武力を備えているかまったくわからない未知の宇宙では、自衛の範囲の武力の実際の質と量を決めることはほぼ不可能だ。紛争が生じたら、武力行使でなく平和的手段で解決するという平和主義を掲げたいところだが、人類はその原則を地上で実現できていない。だから地球外知的生命に対しても、平和主義を強く求めることはできないだろう。宇宙での戦争と平和は、地上での戦争と平和に対する人類の態度と行動を反映せざるをえない。宇宙進出は平和目的で行おうというのであれば、まず地上での行いを正し変えていかなければならない。

地球人になっておくのが先決

地球外知的生命と出会うという想定をすると、宇宙はどこまで人類のものか、宇宙での戦争と平和についてどのような原則で臨めばいいか、という問題を検討する必要があることがわかった。そしてそのためには、全人類の意思を代表して宇宙進出の原則と規範を決めることができる政治実体を実現しなければいけないこともわかった。要するに、エイリアンに適切に対応するには、私たちはまず地球人になっておかなければならないということだ。

宇宙に出て地球を見ると、国や民族の違いで対立することがいかにばかばかしいことかわかる、とよくいわれる。たとえばアポロ7号で地球を周回したドン・アイズリという宇宙飛行士は、立花隆のインタビューで、こう語っている。「地表でちがう所を見れば、なるほどちがう所はちがうと思うのに対して、宇宙からちがう所を見ると、なるほどちがう所も同じだと思う」（『宇宙からの帰還』）。こうした言葉を引いて、国家や民族組織の指導者をみな宇宙に連れて行って地球を見せれば、戦争などしなくなるだろうと言う向きがある。

だがそれは、情緒的な楽観論にすぎないと私は思う。宇宙でそのような感慨を持ったとしても、地表に戻ればまた「ちがう所はちがうと思う」ようになるだろうからだ。地球というゆりかごにしがみついたまま、ちょっと外に出てすぐまた帰ってくるというだけでは、地上の人間同士の間で「ちがう所はちがうと思う」意識を変えることはできないだろう。地上の人間の間でさまざまな違いが対立と暴力の連鎖を生む事態に、終止符を打つ展望は開けないだろう。互いの違いに寛容になって平和に共存するためには、私たちは同じ地球人だと思えるようにならなければいけない。そのためには、私たち地球人類以外の存在も想定される宇宙への進出という未来に向けて踏み出すことが、いちばんの早道だといえないだろうか。そうした地球人意識を育む宇宙進出に踏み出すための現実の一歩として、たとえば、国連の宇宙空間事務局（Office for Outer Space Affairs）で、地球外知的生命との出会いも想定し、宇宙のどこまでを「全人類の活動領域」とするかといった、宇宙条約の新たな問題を検討するプロジェクトを立ち上げてはどうだろうか。

宇宙進出を通じてほかの知的存在と相対することを想定した備えをすることで、地球人意識を形成してはどうかなどというと、国内の対立や矛盾から目をそらさせるために、国外に敵をつくって国民一体化の精神を煽る、独裁者やポピュリストの愚行の轍を踏むことになるだけだと一笑に付されるかもしれない。たしかにそうだ。そうはならないようにしないといけない。敵をつくるための備えをするのではない。もしかしたら出会うかもしれない地球外知的生命と、適切な関わりを持てる資格を得るための備えをすると考えるべきだ。

人間はほかの知的存在との出会いをどう受けとめられるか

いやいや、ちょっと待った。宇宙に出て行って地球外知的生命と関わりを持つのに、無理に地球人などという、国民ならぬ星民意識をつくる必要はない。そんなふうに肩肘張って出て行くから、戦争になってしまうのだ。それは人類のこれまでの歴史で明らかだ。私たちは、地球外知的生命に出会ったら、地球人だ何々星人だではなく、同じ一個の知的生命として相対すればいい。そういう考え方もあるだろう。たしかにそれも一理ある。

私たちは、もし宇宙でほかの知的存在に出会ったら、どのようなことが起こると思っているだろうか。そもそも、そういう存在と出会いたいと思っているだろうか。

近年、地球に似た型の系外惑星を探す観測研究が盛んに行われるようになり、一般人も高い関心を寄せ、一種のブームになっている。そこでの人びとの反応について、惑星科学者の井田茂は、最新の研究成果がどう受け取られるかみてきた経験から、面白い指摘をしている。人びとは、私たちの銀河系に生命を育む惑星が無数にあるかもしれないといわれると不安になるが、逆に、地球にしか生命はないかもしれないといわれると孤独感に耐えられなくなる、というのだ。銀河系に生命が無数にあると、なぜ人びとが不安に思うのか、井田はとくに説明していない。想像するに、生命が宇宙に満ちあふれているとすると、私たちの存在は特別のものではなく、ありふれたつまらないものなのだといわれているような気になるからだろうか。あるいは無数の生命のなかから怖いエイリアンが生まれて、私たちを襲いに来るかもしれないと思って不安になるのだろうか。理由はともかく、人類を生んだ生命が、宇宙に無数にあるのはいやだが、地球にしかないというのもさびしい、というなんとも身勝手な思いを、私たちは抱いているようだ。

そうした人びとの不安や孤独感に応えるように、SF作品には、人類以外の知的生命、異星人がぞろぞろ出てくる。エイリアンとの接触は、SFの一大ジャンルを成す人気のテーマだ。そこでは宇宙のほかの知的存在との出会いが、人類を脅かす恐怖の体験として、あるいは新たな友を得て孤独がいやされる幸福な出来事として、さまざまに描かれてきた。

だが私たちは、ほんとうにほかの知的存在との出会いを期待しているだろうか。ポーランドのSF作家スタニスワフ・レムは、先の井田の指摘にも通じるような、鋭い洞察をしている。接触テーマの異色の傑作『ソラリス』(一九六一年)のなかで、レムは異星の探査ステーションに駐在する科学者に、こう言わせている。「われわれは宇宙を征服したいわけでは全然なく、ただ、宇宙の果てまで地球を押し広げたいだけなんだ。[中略]われわれは他の世界なんて必要としていない。われわれに必要なのは、鏡なんだ。他の世界なんて、どうしたらいいのかわからない。いまある自分たちの世界だけで十分なんだが、その一方で、それだけじゃもう息が詰まってしまうとも感じている。そこで自分自身の理想化された姿を見つけたくなるのさ」「人間は人間以外の誰も求めてはいないんだ」(沼野充義訳、ハヤカワ文庫)。

レムは、こうした地球中心主義、人間中心主義を作品で痛烈に批判するのだが、井田は、惑星科学の研究が進んだ結果、地球中心主義(生命が生まれるのは地球のような星でなければならないと考えること)は崩れ去ったと述べている。今後さらに観測技術が進んで、二〇二〇年代には、地球とはまったく異質な惑星で、地球の生命とはまったく異なる生命が見つかる可能性があるという。

レムは、このような惑星科学の進展に先駆けて、そうした異質な生命を作品に描いてみせることで、人間中心主義（ほかの知的生命も私たち地球の人類と同じ姿をしていると考えること）を批判したのだ。

ポーランド文学者の沼野充義は、レムが批判した人間中心主義は、当時のソ連・東欧諸国で、社会主義イデオロギーの教義として強固に根づかされていたと指摘する。そのイデオロギーにおいては、共産主義が歴史の最高の発展段階なので、共産主義社会を建設する人間の理性もまた最高のものでなければならない。人間の理性は普遍的なもの、まさにユニヴァーサル（宇宙的）なものであり、理性による人類の進歩と発展は、地球を越えて宇宙にまで広がる。そう信じる人間中心主義の宇宙観は、ソ連社会において文学や芸術にも広く浸透させられていた。たとえばある作家は自分のＳＦ作品で登場人物にこう言わせていると、沼野は紹介している。「生命は宇宙の至るところで発生しますが、どこでも生命の上に君臨するのは人間に似た形のものなんです。なにしろ、人間より完全な生き物を創ることなんてできませんからね」（『ソラリス』訳者解説より）。

このようなソ連社会主義イデオロギーには、人間が理性を備えた宇宙的存在になることを何よりも重視したロシア・コスミズムの残響をみてとることができるだろう。だが第4章でみたように、ロシア・コスミズムの思想家・科学者たちは、人間が最高のものだとは考えていなかった。宇宙的存在になるには、人類はまったく別の種に進化する必要があると考えていたのだ。その点で、ソ連社会主義イデオロギーの宇宙観は、人間中心主義に後退していると評することができるだろう。それは哲学的にも科学的にも、ロシア・コスミズムからの退化だとみるべきではないだろうか。

だが、いまでも多くの人びとが、そうした人間中心主義の宇宙観を無意識に抱いていることも、また事実だろう（社会主義はもう信じないとしても）。宇宙でほかの知的存在に出会うのであれば、それは私たちと同じ人間のような姿であってほしい、というのが、人びとの素直な思いだろう。地球に生命が生まれ、人類が進化してきたのは、自然の気まぐれな偶然で、何か一つでも違っていたら実現しなかったというのでは、自分の足下が崩れるような不安な気持ちになる。宇宙でほかにもヒト型の知的生命がいれば、私たちの存在も確固とした必然だったと思えて安心する、というわけだ。

絶対的に理解不能な存在に出会うことのだいじさ

しかしこうした人間中心主義は、理性を持つ存在としてはいささか未熟な宇宙観だといわざるをえない。最新の科学の成果も、それは事実として成り立たないだろうという予測を示している。

レムは、自作『ソラリス』について書いたエッセイで、人間が宇宙に飛び出していけば、地球以外の星に住む理性ある生物と、きっといつか出会うだろうと予想している。その出会いがどのようなものになるか、ＳＦは、とくに米国のＳＦは、膨大な量の作品でさまざまな物語を描いてきたが、レムによればそこには三つのステレオタイプができあがっている。地球人類と宇宙のほかの理性的生物が、平和な協力関係を築くか、争いになり、地球人類が彼らに勝って征服するか、彼らが地球人類に勝って征服するか、の三つである。だがレムは、この三つの想定は、私たちが最も理解しやすい地球上の条件をただそのまま宇宙に持っていっただけの、拡大解釈にすぎないと批判する。宇宙が単に「銀河系の規模に拡大された地球」だと思うのはまちがっている。ほかの星に至る長く困難な道の果てに、人類は、地球の現実とは似ても似つかないさまざまな現象に出会うだろうと、レムはいう。

そこでレムは、独自の想定を作品に描いてみせた。それが『ソラリス』である。この作品で地球の人類は深宇宙に探査を進め、ある星系で、惑星大に広がる、生きている「海」に遭遇した。この海は分析不能の「原形質」から成っていて、地球でいえば高い山や深い谷になるような巨大な規模で、刻々と変わるさまざまな「擬態」が生まれては崩れ、また生まれては崩れる現象を延々とくり返している。科学者のチームがこの惑星ソラリスの周回軌道上に設けられた探査ステーションに常駐してきたのだが、彼らの何十年にもわたる研究でも、この海の擬態運動が何を目的にしたものか、どんな機能を果たすのか、まったくわからなかった。そして奇怪なことに、ソラリスの海は何らかの知的生命であるらしく、ステーション上の科学者たちの抑圧された記憶を探り出し、そのなかから、特定の人物の姿を引き出し、実体化してステーションに送り込んでくる。どうやって、何のためにソラリスの海がそのようなことをするのか、まったくわからない。海は、地球から来たよそ者に対し、実際の害を与えるわけではない。そこにいる人間の記憶の底にあるものを実体化して送り込んでくるだけだ。ただただ理解不能、意味不明なのだ。科学者たちは恐慌状態になり、右往左往する。耐えられずに自殺してしまう者も出る。主人公は、連絡を絶ったソラリスのステーションに調査のため派遣されてくるのだが、何年も前に自分のせいで自殺してしまった恋人を送りつけられ、懊悩する。

レムが『ソラリス』で示そうとしたのは、私たちが実際に宇宙で出会うのは、まったく意思疎通ができず、理解不能、意味不明な存在なのではないかということだ。そのような存在とは、戦争などしようとしてもできない。戦闘になるのは、武力によって相手を攻撃し制圧したいという意思と、反撃してそれを阻止したいという意思が互いに明確に交わされるということだ。つまりその点で最低限の意思疎通が成り立っているといえる。それに対し意思疎通不能、理解不能の知的生命との遭遇は、平和か戦争か、勝つか負けるかといった図式には、まったく収まらないのだ。

先に、宇宙進出に際しての危機管理上の検討課題として、どれくらい武装するかしないかという問いを立てたが、それはまさにレムのいうとおり、地球上の条件を宇宙に持ち込もうとする、まちがった発想なのかもしれない。地球人類同士の間での想定を、宇宙のほかの存在にもあてはめようとする、的外れな考えなのかもしれないということだ。たしかに、宇宙に武装なんかしていったら、エイリアンと交戦する可能性より、地球人類同士の間での戦闘を招く恐れのほうが、はるかに大きいだろう。

レムは、宇宙での理解不能な存在との遭遇を、「未知なるもの」との出会いと呼んだ。はるかな宇宙には「未知なるもの」が待っている、という単純な考えを提示するのが、『ソラリス』の意図だったというのだ。この作品を日本で初めてポーランド語原典から翻訳した沼野は、レムの描く「未知なるもの」とは、「人間の知性を皮肉《アイロニカル》に相対化しうる（つまり人間の知性が宇宙全体で普遍的なものなどでは決してなく、相対的なものであると教えてくれる）「他者」である」と解説する。そしてレムは、そのような存在に出会ったら、人間はどう反応するかを作品で描いてみせた。それはレム自身の解説によれば、次のようにまとめられる。「こうした「未知なるもの」との出会いによって、人は、認識の問題、哲学の問題、心理的問題、倫理的問題などを抱えこむことになるはずだ。これらの問題を力で、たとえば、未知の星を爆破するというようなやり方で解決しようとしても、何ら得るところはないだろう。［中略］こうした「未知なるもの」に遭遇したら、それをなんとか理解しようとするべきなのだ。すぐにはうまくいかないかもしれないし、多大の労力や犠牲が必要となり、誤解することもあれば、時には打撃を被ることもあるかもしれない。でも、それはもう別の問題である」（「ソラリス――ファンタスティックな物語」沼野恭子訳）。

レムのこの提起は、人類の宇宙進出には独自の深い意味ないし意義があることを示していると、私は受けとめる。深宇宙に出て行って、認識や理解の及ばないものに出会えれば、人間は、自分たちの理性の力を真に試される機会を得られる。それは、相手を理解するより前に、自分たちは何者なのか、どれほどの存在なのかをあらためて考えさせられる、深い内省の機会になるだろう。『ソラリス』を読んでいると、そのことがよくわかる。宇宙での未知なるもの、理解不能な絶対的他者との出会いは、何よりも自分との出会いになるということだ。そのような経験は、人類にとって、とても意義深いことではないだろうか。

宇宙進出は人類の成熟につながるチャンスになる

ジャーナリストのアンドリュー・スミスは、子どもの頃にリアルタイムで経験したアポロの月着陸にはどんな意味があったのかを知ろうと、月面を歩いた宇宙飛行士たちのその後を取材して回った。彼はその取材をまとめた本(『月の記憶』二〇〇五年)の最後で、こう結論している。アポロ計画に、その膨大なコストに見合った実用的な価値があったのかどうか問うのは、意味のないことだ。そんなものが目的だったのではないからだ。アポロ計画がもたらした最大の成果は、広大な宇宙の中で地球の全体を眺める機会を人類に与えたことだ。一九六八年、初めて月を周回したアポロ8号から、宇宙に浮かぶ地球の写真が撮られ、地上に送られた。この写真は世界中の人びとに深い感動を与えた。何もない真っ暗な宇宙に、ぽつんと浮かぶ小さな青い地球。そのかけがえのなさ、素晴らしさ、そこに生を受けることができた喜びを、人類は初めて実感することができた。地球周回軌道上を飛ぶだけでは、視野いっぱいに広がる地球の一部しか眺められない。もっと外まで出て行かないと、宇宙の中の地球の真の姿を見ることはできないのだ。そして、その後月に降り立った宇宙飛行士たちが、月の地平線上に見た、宇宙を背景にした「地球の出」の映像をもたらし、人びとの実感をさらに強固な、忘れえないものにした。

私はスミスと同年代で、アポロ計画がもたらした、地球を宇宙から眺める人類初の機会をリアルタイムで経験したので、そのことのだいじさが、とてもよく理解できる。アポロと同時代の一九六〇年代後半には、資源と自然環境の際限のない開発に対し、「宇宙船地球号」という言葉を使って地球の有限さをアピールし警鐘を鳴らす文明批判がなされていた。一九七二年には、そうした開発を続けていると地球の資源は一〇〇年もすれば枯渇してしまうと数理モデルを駆使して示してみせたローマクラブの『成長の限界』が刊行され、国連では人間環境会議が開かれて、環境問題を人類全体の課題とする、いまにつながる流れの最初の一歩が踏み出された。だが、宇宙から地球の実際の姿が撮られなかったら、地球は一個の宇宙船のようなものであることを、世界中の人びとが実感をもって認識することがはたしてできただろうか。残念ながら、スペースも資源も有限であり成長には限界がある、環境問題を考えなければいけない、というその後の環境問題への取り組みは遅々としたものだ。だが少なくとも宇宙に浮かぶ地球の映像がある限り、それは人類の存続のために避けて通れない課題だということを、私たちはもう忘れることはできないだろう。

宇宙飛行士第六期生だったジョゼフ・アレンはこう言ったという。「月へ行くかどうかという議論には、賛否両論、さまざまなものがあったが、地球を眺めるためにそうするべきだと言った者は一人もいなかった。だが、実際のところはそれが何よりも重要だったのかもしれない」(『月の記憶』、鈴木彩織訳)。スミスは、アポロ計画で六〇年代の九年間に費やされた総経費は、米国人一人あたりに換算すれば、一二〇ドル前後、一年間にわずか一人一三ドルにすぎないと指摘する。その後、人びとはスペースインベーダーゲームにもっとたくさんのお金を使った、と皮肉を付け加えて。

ともかくこうして私たちは、人類を生み育んでくれた地球を外から眺めることができた。そこで暮らす自分たちのありようを知ることができたのだ。次は、さらにその先の宇宙で、「未知なるもの」と出会う機会を求めに行く番ではないだろうか。それが人類にとって絶対的な他者といえる知的存在との出会いであれば最高だ。自分の姿を知り、さらに他者を知る経験をする。それはひとりの人間が幼年期、思春期を経て成熟した大人に成長するのに、必ず通らなければならない過程だ。宇宙への進出は、その過程を人類全体で経験できる可能性を与えてくれる。それは生物学的な成長・進化というよりは、文明の進化・成熟に至るプロセスだといえるだろう。いいかえれば、理性の成長・成熟である。地上で同じ人間同士の間でわかりあえないといって争っている間は、ほんとうに自分と他者の存在を理解することはできないのではないか。ほんとうの他者に出会わなければ、他者との違いを受け入れ、何とかいい関係をつくって共存しようとする、成熟した大人にはなれないのではないか。

せっかくつかんだこの知性、地上での争いや環境の破壊、資源の蕩尽で終わらせては、もったいない。宇宙進出が人類の成熟の機会を与えてくれそうなら、その目に賭けてみるのもいいのではないか（世界中の人びとがスマホゲームに費やすお金を少し回して！）。そう思いませんか？

おわりに――ゆりかごからの脱却

人類が、もしも宇宙に行くのなら。

そう考えて、ここまでいろいろ書いてきたが、あまりに非現実的なことばかりだと思われただろうか。たしかに、いまの技術水準では月や火星に行くのがせいぜいで、その先の深宇宙や太陽系外の惑星に進出するなんてできるわけがないと思う人は多いだろう。科学者でも（いや、だからこそ、か）そうだ。

だが考えてみてほしい。それは、一九〇三年にライト兄弟が初めて飛行機を飛ばしたときに、当時の技術水準を目安にして、人間が月に飛んで行くなんてできるわけがないと言うのと同じではないだろうか。現実には、その六六年後に、人類は月に降り立っている。何が現実的で何が現実的でないかを決めるのは、そのときどきの技術水準ではない。人間の意思だ。行こうと思うか思わないかが、いちばんだいじなのだ。

だから、人類の宇宙進出を想定して本書で考えてきたことは、非現実的な夢物語ではない、と私は言いたい。もしも宇宙に行くのなら、そうなるであろう未来の現実として、考えていい話なのである。

さて、では、人類が宇宙に出て行った未来の地球は、どうなるのだろうか。赤ん坊が巣立ったあとのゆりかごは、どうするのがいいのだろうか。ここまで積み重ねてきた思考実験の締めくくりに、この問題を考えてみよう。

地球は、じつに多様な生物を育む、豊かな生態系を持った世界である。第5章でみたように、月の近くから宇宙に浮かぶ地球を見て、人類はすでにそのかけがえのなさ、貴重さを実感した。この先、さらに遠くの宇宙に出て行けば、このような豊かな生態系を持つ世界がいかにまれな存在か、私たちはさらに認識をあらたにするだろう。

また、人類の宇宙進出が本格的に始まっても、相当長い期間(数世紀?)にわたって、地球は物的・人的資源を供給する最大の源であり続けるだろう。宇宙空間やよその天体の異質な厳しい環境で苦闘する人びとを支える、心の拠りどころになるだろう。

だから、人類が宇宙に進出する未来を選んだとしても、地球はずっと、いやいまよりもいっそう、だいじにされなければならない。人類は宇宙に出て行って地球にはもう住まなくなる(住めなくなる)、という未来は、誰も望まないだろう。

では、豊かな生態系を持つ、生命と人類のふるさとである地球で、私たちが未来もずっと生き続けていけるようにするには、どうしたらいいだろうか。

私は、宇宙への進出が、地球での人類の存続の役にも立つと思う。地球に住み続けるためには、人類は現在の生活様式を根本的に改めなければいけないだろう。資源とエネルギーを大量消費する産業文明を根底から見直し、右肩上がりの成長を目標とする経済至上主義を捨て、世界規模で思い切った人口抑制をする必要がある(これらのことを、人口抑制についてはとくに、国家権力が強制するのではなく、みなが納得して自発的に行えるようにするには、第5章で考えたように、人類全体で民主的な合意形成をできる政治体制をつくらなければならないだろう)。戦争による資源の濫費と生態系の破壊をやめなければならないのはいうまでもない。地球に住み続けるのに必要なこうした変革は、宇宙に進出した先で解決しなければならない課題に通じるものでもある。ごく限られた資源とエネルギーを徹底的にリサイクルして、居住環境への負荷を最小限にした活用を図らなければ、宇宙では生きていけないからだ。そうした宇宙での取り組みは、技術面と生活意識面で、地球での生存のためにも活かすことができるだろう。

地上での生活様式を改めるだけでなく、生存の場を地上以外にも広げるという方向も考えられる。地球は表面の七割を海がおおっている水惑星である。だが人類は、宇宙以上に海に進出できていない。地上四〇〇キロメートルの周回軌道上には人間が活動拠点をつくって常駐しているが、水面下数キロメートルの深海中には、人間が常駐する恒常的な施設はない。宇宙船を仕立てて地球の外に乗り出し、よその天体に基地をつくるのと同じように、深海艇を繰り出して海中に進出し、人の住む基地をつくるという構想もあっていいだろう。技術面で宇宙進出と深海進出には共通するところもあるだろうから、並行して進めるメリットがあると思われる。
さらにそこに、第4章で考えた、宇宙環境に適応した新たな種に進化するというヴィジョンをあてはめれば、海中の環境に適応できるように人間を改変するという方向も考えることができる。生物学的改変には抵抗もあるかもしれないが、そのほうが機械に囲まれて行くよりも、環境への負荷や生態系の破壊を伴う恐れを少なくできるだろう。地球の進化の歴史のなかで、海中から地上に進出した生物が、また海中に戻った例はある。クジラなどの海生哺乳類がそれだ。人類も、その範にならい、新たな海生動物に生まれ変わって、広大な海に生存の場を広げてみてはどうか。第4章で考えた「宇宙に出て行くための進化」と同じように、そうした「地球で生き続けるための進化」を真剣に考えてみてもいいのではないだろうか。もちろん、「先住民」であるクジラ類には最大限の敬意をはらい、彼らを脅かさないような棲み分けをしなければならないのは当然である。

また少し飛躍が過ぎただろうか。話を戻すと、人類の未来の課題として、地球での存続は、宇宙への進出と一体で考えるべきだ。人類はこれまで地球を、生きる糧をもらうのに甘えて頼るだけの、ゆりかごとして生きてきた。ツィオルコフスキーもいうように、いつまでもそれを続けることはできない。だから宇宙に巣立って行こうという話になるのだが、一方で、ゆりかご扱いできなくなった地球をどうするかも大きな課題になる。それが、地球での人類の存続という未来の意味するところだと、私は考える。

人類は、生命を育んでくれた地球というゆりかごを、ほかのすべての生物とともに永く住み続けられる棲み家に建て替える責任を担うべきだ。その責任を果たすためには、人類と地球との関係を、一方的に依存するゆりかごの状態から脱却させる必要がある。そのためには、やはり、いつまでも地球に留まっているだけではいけない。自分を生み育んでくれた親のありがたみは、離れて暮らしてみると、身にしみてわかるようになる。それがわかってようやく、子は親と大人同士の成熟した関係を結ぶことができるようになる。それと同じで、人類と地球との関係を、一方的な依存から責任ある生存の維持に変えるには、いったん地球を出て宇宙で暮らしてみるのが、いちばんいいのではないだろうか。

地球を、ゆりかごから、ついの棲み家に建て替える。それが、宇宙進出時代の人類の、もう一つの大きな目標になる。ゆりかごから宇宙へ、人類文明の成熟へ。それこそが、地球で末永く生き続けることができる道にもなると信じて、本書の未来への旅をひとまず終えたい。

最後までおつきあいくださり、どうもありがとうございました。

参照文献

はじめに

橳島次郎『生命の研究はどこまで自由か――科学者との対話から』岩波書店, 2010年.

橳島次郎『生命科学の欲望と倫理――科学と社会の関係を問いなおす』青土社, 2015年.

第1章

的川泰宣『宇宙飛行の父ツィオルコフスキー――人類が宇宙へ行くまで』勉誠出版, 2017年.

遠藤十亜希『南米「棄民」政策の実像』岩波書店, 2016年.

立花隆『宇宙からの帰還』中央公論社, 1983年(中公文庫, 1985年).

スヴェトラーナ・セミョーノヴァ, アナスタシヤ・ガーチェヴァ編著『ロシアの宇宙精神』せりか書房, 1997年.

Sydney Do et al. "An independent assessment of the technical feasibility of the Mars One mission plan: Updated analysis", Acta Astronautica, 120: 192-228, 2016.

Meet the Mars 100. https://community.mars-one.com/last_activity/ALL/18/82/ALL/ALL/5/3(2018年7月20日閲覧).

Lawrence M. Krauss "A One-Way Ticket to Mars", The New York Times, August 31, 2009.

メアリー・ローチ「2 ライフ・イン・ア・ボックス――隔離と閉鎖が招くアブナイ人間関係」『わたしを宇宙に連れてって』NHK出版, 2011年.

井上夏彦・大島博ほか「ロシア長期閉鎖実験に関する成果報告書」宇宙開発事業団, 2002年.

参照文献

第 2 章

Manfred E. Clynes, Nathan S. Kline "Cyborgs and space", Astronautics, September 1960: 26-27, 74-76.

美馬達哉「第 5 章　サイボーグ学とブレインマシンインターフェース」『脳のエシックス——脳神経倫理学入門』人文書院，2010 年．

勝島次郎「生命科学」『現代用語の基礎知識 2018』自由国民社，2017 年．

U.S. President's Council on Bioethics "Beyond Therapy: Biotechnology and the Pursuit of Happiness", 2003.

"Première opération chirurgicale en apesanteur", Le Monde, le 29 septembre 2006.

勝島次郎「軍事関連人対象研究の倫理と管理のあり方(第 1 報)——問題設定と米国の関連規定の分析からの基本論点の抽出」臨床評価，45(4): 711-725, 2018 年．

"ESA experiments with spaceflight participant Ansari to ISS", European Space Agency News, 12 September 2006.

稲葉振一郎『宇宙倫理学入門——人工知能はスペース・コロニーの夢を見るか？』ナカニシヤ出版，2016 年．

幕間・対話コラム 2

山下雅道ほか「イモリの宇宙における産卵および受精卵の発生」『宇宙開発事業団技術報告』1996 年．

山梨大学・宇宙航空研究開発機構「国際宇宙ステーションの「きぼう」で長期保存した精子 DNA の正常性と宇宙マウスについて——人類の宇宙生殖の可能性を示す」2017 年 5 月 26 日，http://iss.jaxa.jp/kiboexp/news/20170526_mouse.html(2018 年 7 月 20 日閲覧)．

ローチ「12 スリー・ドルフィン・クラブ——無重力セックス」『わたしを宇宙に連れてって』．

Paul R. Wolpe "What Should Happen to the Body if an Astronaut Dies on Mars?", POPULAR SCIENCE, February 21, 2008.

第3章

NASA: Robonaut https://www.nasa.gov/mission_pages/station/research/experiments/760.html(2018年7月20日閲覧).

"Report of COMEST on Robotics Ethics", UNESCO World Commission on the Ethics of Scientific Knowledge and Technology (COMEST), 14 September 2017.

"A modern monster: The lasting legacy of Frankenstein", Science, 12 January 2018.

アイザック・アシモフ『ロボットの時代(決定版)』ハヤカワ文庫SF, 2004年,「序」.

ローチ「1 頭はいいんだけど, 折り紙の腕前がねえ……——日本の宇宙飛行士選び」『わたしを宇宙に連れてって』.

Noel Sharkey et al. "Our Sexual Future with Robots", Foundation for Responsible Robotics, 2017.

青木人志『動物の比較法文化——動物保護法の日欧比較』有斐閣, 2002年.

"European Parliament resolution of 16 February 2017 with recommendations to the Commission on Civil Law Rules on Robotics (2015/2103(INL))", http://www.europarl.europa.eu/sides/getDoc.do?pubRef=-//EP//TEXT+TA+P8-TA-2017-0051+0+DOC+XML+V0//EN(2018年7月20日閲覧).

松田雄馬『人工知能の哲学——生命から紐解く知能の謎』東海大学出版部, 2017年.

樹島次郎「序章 死を前にした自由と不自由」『これからの死に方——葬送はどこまで自由か』平凡社新書, 2016年.

幕間・対話コラム3

高沖宗夫「宇宙実験のモデル動物——過去の事例と今後の選択」Biological Sciences in Space, 21(3): 76-83, 2007年.

萩原裕介ほか「マウス個別飼育可能な国際宇宙ステーション向け小動物飼育装置の開発」三菱重工技報, 53(4): 44-50, 2016年.

Jason Treat "THEY'VE HAD A GOOD VIEW", National Geographic, March 2018.
アンドリュー・スミス「第四章　孤高の宇宙飛行士」『月の記憶――アポロ宇宙飛行士たちの「その後」』上，ソニー・マガジンズ ヴィレッジブックス，2006年．

第4章

ジェームズ・オーウェン「人類進化の行方：4つの可能性を提示」ナショナルジオグラフィック日本版サイト，2009年11月24日．
"NASA Twins Study Investigators to Release Integrated Paper in 2018", Feb. 1 2018. https://www.nasa.gov/feature/nasa-twins-study-investigators-to-release-integrated-paper-in-2018(2018年7月20日閲覧)．
ヴラジーミル・I・ヴェルナツキイ「人類の独立栄養性」『ロシアの宇宙精神』所収(抄録)．
リン・マーギュリス『共生生命体の30億年』草思社，2000年．
中村融「知識の探求と美の創造――クラークがめざしたものについて」S・Fマガジン，2018年2月号，250-253.
Julian Huxley 'Transhumanism', "New Bottles for New Wine", Chatto & Windus, 13-17, 1957.
"What is Transhumanism?", https://whatistranshumanism.org/(2018年7月20日閲覧)．
Association Française Transhumaniste "Rester humain… ou devenir plus humain?", https://transhumanistes.com/rester-humain-ou-devenir-plus-humain/(2018年7月20日閲覧)．
U.S. Transhumanist Party "TRANSHUMANIST BILL OF RIGHTS-VERSION 2.0", http://transhumanist-party.org/tbr-2/(2018年7月20日閲覧)．
渡辺格『人間の終焉――分子生物学者のことあげ』朝日出版社，1976年．
橳島次郎「終章　脳科学に何を求めるべきか」『精神を切る手術――脳に分け入る科学の歴史』岩波書店，2012年．

第5章

逢坂誠二「未確認飛行物体にかかわる政府の認識に関する質問主意書」平成三十年二月十六日提出，質問第八四号．

内閣総理大臣 安倍晋三「衆議院議員逢坂誠二君提出未確認飛行物体にかかわる政府の認識に関する質問に対する答弁書」平成三十年二月二十七日受領，答弁第八四号．

スティーヴン・ウェッブ『広い宇宙に地球人しか見当たらない50の理由——フェルミのパラドックス』青土社，2004年．

長沼毅・井田茂『地球外生命——われわれは孤独か』岩波新書，2014年．

山本草二「第2部第7章四　宇宙空間・天体」『国際法(新版)』有斐閣，1994年．

国際法学会編『日本と国際法の100年 第2巻　陸・空・宇宙』三省堂，2001年．

杉山滋郎「第5章1　宇宙の開発利用と安全保障」『「軍事研究」の戦後史——科学者はどう向きあってきたか』ミネルヴァ書房，2017年．

井田茂『系外惑星と太陽系』岩波新書，2017年．

沼野充義「愛を超えて——訳者解説」，レム『ソラリス』ハヤカワ文庫SF，2015年．

スタニスワフ・レム「ソラリス——ファンタスティックな物語」1962年，沼野「愛を超えて」所収．

スミス「第九章　謎の凋落」『月の記憶』下．

取り上げたSF作品一覧(初出登場順)

複数出版されているものは，現在入手しやすい版を優先して挙げる.

スタンリー・キューブリック監督『2001年宇宙の旅』DVD，ワーナー・ホーム・ビデオ，2010年.

レイ・ブラッドベリ『火星年代記(新版)』ハヤカワ文庫SF，2010年.

アーサー・C・クラーク『幼年期の終わり』光文社古典新訳文庫，2007年.

ジュール・ヴェルヌ『月世界へ行く(新版)』創元SF文庫，2005年.

アイザック・アシモフ『永遠の終り』ハヤカワ文庫SF，1977年.

機本伸司『僕たちの終末』ハルキ文庫，2008年.

ロバート・J・ソウヤー『ホミニッド——原人』ハヤカワ文庫SF，2005年.

石ノ森章太郎『サイボーグ009』全23巻，秋田文庫，1994-2004年.

村田和也監督『翠星のガルガンティア』Blu-ray Box全3巻，バンダイビジュアル，2013年.

アイザック・アシモフ『鋼鉄都市』ハヤカワ文庫SF，1979年.

アイザック・アシモフ『ファウンデーションと地球』上・下，ハヤカワ文庫SF，1997年.

神林長平「先をゆくもの達——第一話　初めての男の子」S・Fマガジン，2018年2月号.

幸村誠「PHASE. 7　タナベ」『プラネテス2』講談社，2001年.

アイザック・アシモフ『コンプリート・ロボット』ソニー・マガジンズ，2004年(ロボットものの全中・短編を収録).

メアリー・シェリー『フランケンシュタイン』新潮文庫，2015年.

手塚治虫『鉄腕アトム』全9巻，手塚治虫文庫全集，講談社，2009-2010年.

アイザック・アシモフ『夜明けのロボット』上・下，ハヤカワ文庫SF，1994年.

アイザック・アシモフ『ロボットと帝国』上・下，ハヤカワ文庫SF，1998年.

手塚治虫『アトム今昔物語』手塚治虫文庫全集，講談社，2010年.
アーサー・C・クラーク『2001年宇宙の旅(決定版)』ハヤカワ文庫SF，1993年.
神山健治監督「第25話　硝煙弾雨」『攻殻機動隊Stand Alone Complex』Blu-ray Disc BOX: SPECIAL EDITION，バンダイビジュアル，2015年.
弐瓶勉『シドニアの騎士(新装版)』全7巻，講談社，2017年.
星新一「囚人」『ボンボンと悪夢』新潮文庫，1974年.
ジョン・ヴァーリイ『へびつかい座ホットライン』ハヤカワ文庫SF，1986年(3刷，2016年).
水島精二監督『楽園追放』DVD，アニプレックス，2014年.
八杉将司『楽園追放』ハヤカワ文庫JA，2014年(上記アニメのノヴェライズ版).
アイザック・アシモフ『神々自身』ハヤカワ文庫SF，1986年.
スタニスワフ・レム『ソラリス』ハヤカワ文庫SF，2015年.

椨島次郎

1960年生まれ．三菱化学生命科学研究所室長，科学技術文明研究所主任研究員などを経て，現在は生命倫理政策研究会共同代表．専門は生命科学・医学を中心にした科学政策論．
著書に『生命の研究はどこまで自由か——科学者との対話から』『精神を切る手術——脳に分け入る科学の歴史』(共に岩波書店)，『生命科学の欲望と倫理——科学と社会の関係を問いなおす』(青土社)，『これからの死に方——葬送はどこまで自由か』(平凡社新書)，共著書に『移植医療』(岩波新書)などがある．

もしも宇宙に行くのなら
——人間の未来のための思考実験

2018年10月4日　第1刷発行

著　者　椨島次郎《ぬでしまじろう》

発行者　岡本　厚

発行所　株式会社　岩波書店
〒101-8002 東京都千代田区一ツ橋 2-5-5
電話案内 03-5210-4000
http://www.iwanami.co.jp/

印刷・三秀舎　製本・松岳社

ISBN 978-4-00-025323-9　　Printed in Japan

生命の研究はどこまで自由か
―科学者との対話から―
橳島次郎
四六判二五〇頁
本体二四〇〇円

移植医療
橳島次郎
出河雅彦
岩波新書
本体七八〇円

「科学にすがるな!」
―宇宙と死をめぐる特別授業―
佐藤文隆
艸場よしみ
四六判二二二頁
本体一八〇〇円

ぼくらの哀しき超兵器
―軍事と科学の夢のあと―
植木不等式
岩波現代全書
本体二五〇〇円

江戸の骨は語る
―甦った宣教師シドッチのDNA―
篠田謙一
四六判一六八頁
本体一五〇〇円

岩波書店刊
定価は表示価格に消費税が加算されます
2018年10月現在